Avignon

Der praktische Reiseführer

für Ihren Städtetrip

Impressum

Dieser Reiseführer ist ein praktischer Begleiter für Ihren Städte-Kurztrip. Was die Auswahl der Sehenswürdigkeiten betrifft, beschränkt er sich auf das Wesentliche und ist für Leute konzipiert, die nur einen Tag oder ein Wochenende in Avignon verbringen können und in dieser Zeit das Wichtigste sehen wollen.

Der Altstadt-Rundgang, den wir für Sie zusammengestellt haben, bringt Sie in logischer Reihenfolge zu den angesagten Sehenswürdigkeiten. Bleiben Sie nur einen Tag, können Sie auf diesem Rundgang schon vieles von dem kennenlernen, was Avignon ausmacht. Für den Fall, dass Sie noch etwas länger Zeit haben, bieten wir Ihnen diverse Vorschläge an, aus denen Sie sich je nach Interesse ein eigenes Zusatzprogramm zusammenstellen können.

Viele Tipps und die wichtigsten Adressen, Links und Telefonnummern ersparen Ihnen in der Vorbereitungsphase für Ihren Städtetrip mühevolles Recherchieren. Besondere Museen und Festivals finden ebenso Erwähnung wie z.B. Parkmöglichkeiten, regionale Spezialitäten, Hinweise für Rollstuhlfahrer, Camper oder Hundebesitzer. Hotels und Restaurants werden nicht empfohlen.

Tipp: Lesen Sie die informativen Artikel am Ende dieses Reiseführers bereits vor Abreise, damit Sie sich auf die örtlichen Gegebenheiten einstellen können und vor unangenehmen Überraschungen sicher sind. Dies gilt insbesondere, wenn Sie mit dem Auto anreisen. Im Artikel Parken in Avignon informieren wir Sie über diverse Parkplätze. Haben Sie schließlich einen von uns empfohlenen Parkplatz gefunden, erklären wir Ihnen, wie Sie von dort aus in den Rundgang einsteigen können.

Einen kostenlosen Stadtplan bekommen Sie in der Touristeninformation, aber auch in jedem Hotel und auf jedem Campingplatz.

Lust auf einen Fotostreifzug durch Avignon?
Rufen Sie im Internet folgenden Link auf:

https://www.flickr.com/photos/149278863@N02/albums/72157683833721631

Inhaltsverzeichnis

WISSENSWERTES ÜBER AVIGNON 9

DIE GESCHICHTE VON AVIGNON 15

SO FOLGEN SIE UNSEREM RUNDGANG 24

TEMPLE SAINT MARTIAL 26
MUSÉE LAPIDAIRE 27
COLLEGIALE SAINT-DIDIER 29
PALAIS DU ROURE 31
EGLISE SAINT-AGRICOL 33
PLACE DE L'HORLOGE 34
HÔTEL DES MONNAIES 36
PAPSTPALAST (PALAIS DES PAPES) 37
KATHEDRALE NOTRE-DAME DES DOMS 45
ROCHER DES DOMS 48
MUSÉE DU PETIT PALAIS 52
ABSTECHER ZUR BRÜCKE VON AVIGNON 53
SAINT-BÉNEZET-BRÜCKE 54
ST-PIERRE D'AVIGNON 59
SYNAGOGE VON AVIGNON 62
PLACE PIE UND DIE MARKTHALLEN VON AVIGNON 62
RUE DE TEINTURIERS - TUCHFÄRBERGASSE 64
   Die Kapelle ‚Pénitents Gris' (Graue Büßer) 65
DIE STADTMAUER 67

MUSEEN UND ANDERE ATTRAKTIONEN 70

   Veranstaltungen im Papstpalast 71
   Parc des Expositions 71
MUSEEN 72
   Petit Palais - 72
   Musée Calvet – 72
   Collection Lambert – 73
   Musée Requien – 73
   Musée lapidaire – 74

Musée de l'Œuvre – 74
Musée Louis Vouland – 74
Stiftung Angladon-Dubrujeaud – 75
Maison Jean Vilar – 75
OPERNHÄUSER UND THEATER 76

AUSFLÜGE IN DIE UMGEBUNG 78

CHÂTEAUNEUF-DU-PAPE 78
SALON DE PROVENCE 80
CHÂTEAU DE LA BARBEN 80
PONT DU GARD 81

AVIGNON MIT KINDERN 83

FERRIS WHEEL IN AVIGNON – DAS RIESENRAD 83
MUSÉE REQUIEN 83
ZOOLOGISCHER GARTEN - PARC DE LA BARBEN 84
KROKODILGARTEN 84

INFOS, WICHTIGE ADRESSEN UND MEHR 85

Touristenauskunft in Avignon 85
ANREISE 85
Anreise mit dem Schiff 85
Anreise mit dem Zug 86
Anreise mit dem Bus 87
Anreise mit dem Flugzeug 88
ANREISE MIT DEM AUTO UND PARKEN 88
PARKPLÄTZE FÜR PKW 89
Parken auf der Rhône-Insel 90
Weitere Parkplätze 92

PARKEN, CAMPING- UND STELLPLÄTZE FÜR CAMPINGFAHRZEUGE 96

Camping Bagatelle 97
Stellplatz 98
Camping und Stellplatz Du Pont d'Avignon 99
Camping und Stellplatz L´Ile des Papes 100

ANFAHRT NACH AVIGNON 100
   Reisen Sie auf der A7 oder im Norden auf der A9 an – 100
   Kommen Sie auf der A9 aus Richtung Nîmes - 102
AUTOFAHREN IN FRANKREICH 103
   Das müssen Sie bei einem Unfall beachten 106
   Tanken 107
ÖFFENTLICHE VERKEHRSMITTEL UND TAXI 108
   Bus 108
   Taxi 108
   Miet-Fahrrad 110
   Avignon mit der Kutsche 110
   Rundflüge 111
DIE STADT FÜR BEHINDERTE MENSCHEN 111
AVIGNON MIT HAUSTIEREN 113
JUGENDHERBERGEN 115
CITY-CARD 116
EINREISEBESTIMMUNGEN UND ZOLL 116
UND SONST 119
   Währung, Banken und Geld wechseln 119
   Trinkgeld 120
   Öffnungszeiten 121
PRODUKTE UND SOUVENIRS AUS DER REGION 121
WEINE UND SPIRITUOSEN AUS DER REGION 123
   Wein 123
   Spirituosen 124
   Der Pernod 125
   Obstbrände aus weißen Früchten der Region 126
   Origan du Comtat - ein Oregano-Likör 126
EIN GRUß AUS DER KÜCHE - REGIONALE SPEZIALITÄTEN 128
   Aioli 129
   Avignonesische Daube 129
   Papeton d'aubergine 130
   Crespèu 130
   Papaline d'Avignon, eine Süßigkeit mit Oregano-Likör gefüllt 130
STROM / POST /TELEFON / INTERNET UND WLAN 131

Strom 131

Post 131

Telefon 132

KLIMA UND ZEIT 134

WAS TUN WENN … TELEFONNUMMERN UND ADRESSEN FÜR NOTFÄLLE **135**

Notruf 135

Konsulate 138

PANNEN- UND NOTFALLHILFE DER AUTOMOBILCLUBS 138

FALLS IHRE GELDKARTE VERLOREN GING 139

WORTSCHATZ – DIE WICHTIGSTEN WÖRTER FÜR DIE REISE ... **141**

MEHR AUS UNSEREM VERLAG 144

Innenansicht Papstpalast

Wissenswertes über Avignon

Die südfranzösische Stadt Avignon ist die Hauptstadt des Départements Vaucluse. Sie liegt im Herzen der Provence, dort wo der Fluss Durance in die Rotten mündet - Rotten ist der deutsche Name der Rhône. Der Oberlauf der Durance bildet die Grenze zwischen den Cottischen Alpen im Osten und den Dauphiné-Alpen im Westen.

Die Rhône entspringt in den Schweizer Alpen aus dem Rhônegletscher, der am Furkapass unweit des Gotthardmassivs liegt, und ist der wasserreichste Fluss Frankreichs. Sie hat sich nördlich von Avignon in zwei Arme geteilt. Die ‚kleine Rhône‘, bzw. ihr ‚toter Arm‘, schlängelt sich am nördlichen und westlichen Stadtrand entlang. Zwischen ihr und der ‚großen Rhône‘, die auch ‚lebendiger Arm‘ genannt wird, befinden sich mehrere Inseln, auf denen Landwirtschaft betrieben wird. Die größte von ihnen - und mit einer Fläche von etwa 700 Hektar übrigens eine der größten Flussinseln Europas - trägt den Namen ‚Île de la Barthelasse‘. Sie ist die ‚Grüne Lunge‘ Avignons.

Die beiden Flüsse boten der Stadt Schutz und dienten Verkehr und Wirtschaft. Doch sie brachten nicht nur Gutes. Zuletzt wurde Avignon 1856 von einem verheerenden Hochwasser der Durance überflutet, die ‚Île de la Barthelasse' stand 2001 und 2003 unter Wasser.

Blick auf die Altstadt vom Pont Édouard Daladier

Die Altstadt wird von einer 4,5 km langen mittelalterlichen Stadtmauer umgeben, in deren Zentrum sich der alles beherrschende Papstpalast erhebt. Etwas mehr als 90 000 Avignonesen leben auf einer Fläche von rund 65 000 Quadratkilometern, davon in der Altstadt, also innerhalb der Stadtmauern, etwa 15 000. Rechnet man die eingemeindeten Orte hinzu, zählt Avignon knapp 160 000 Einwohner.

Avignon gehört zu den ärmeren und strukturschwächeren Städten Frankreichs, hat eine dementsprechend hohe Arbeitslosen- und leider auch eine relativ hohe Kriminalitätsrate. Haupteinnahmequelle ist der Tourismus. Etwa vier Millionen Besucher kommen jährlich nach Avignon, um die Stadt zu besichtigen oder das unter Kunstkennern weltberühmte ‚Festival von Avignon' zu besuchen.

Die Universität Avignon wird von etwa 7600 Studenten besucht, die Informatik, Agrarwissenschaft oder Kultur studieren.

Zu den zahlreichen Persönlichkeiten, die in Avignon geboren wurden oder dort wirkten, zählen neben vielen Päpsten und Kardinälen auch etliche andere Persönlichkeiten des öffentlichen Lebens. Der italienische Dichter Francesco Petrarca (1303-1374), hielt sich einige Zeit in Avignon auf, wo er auch Laura de Noves begegnete. Kardinal von Richelieu (1585-1642), der zu den engsten Beratern Ludwig XIII. gehörte, lebte von 1618 bis 1619 in Avignon im Exil. Der Maler Claude Joseph Vernet wurde 1714 in Avignon geboren. Ebenfalls aus Avignon stammt Jules François Pernod (1827-1916), der Gründer des Spirituosenherstellers Pernod. Die Bildhauerin Camille

Claudel (1864-1943) liegt in Avignon begraben. Pierre Boulle, der ,Die Brücke am Kwai' und ,Planet der Affen' schrieb, wurde 1912 in Avignon geboren, die Chanson-Sängerin Mireille Mathieu, auch bekannt als ,Spatz von Avignon', erblickte 1946 in dieser Stadt die Welt. Und auch der Formel-1-Pilot Jean Alesi (geb. 1964) stammt aus Avignon.

Die Schutzpatrone der Stadt sind Saint Ruf, der als Begründer der Kirche von Avignon gilt, Sainte Marthe, Peter von Luxemburg, Saint Agricol und Saint Bénezet. Man findet sie überall in der Stadt als Statuen oder auf Bildern dargestellt.

Im Mittelalter war Avignon - lateinisch Avenio - Sitz der Päpste. An diese geschichtsträchtige Zeit erinnern heute noch der Beiname ,Stadt der Päpste', der mächtige Papstpalast, die Saint-Bénezet-Brücke, besser bekannt als ,Pont d'Avignon', die beeindruckende Stadtmauer sowie die zahlreichen Gotteshäuser. Dies alles gehört zum historische Stadtkern von Avignon, der seit 1995 zum UNESCO-Weltkulturerbe zählt.

Bis 1348 zierte das Stadtwappen von Avignon ein Adler. Dann kaufte Papst Klemens VI. die Stadt und ersetzte den Adler durch drei goldene Schlüssel auf rotem Feld. Die Schlüssel symbolisieren den Heiligen Stuhl, die Zahl drei steht für die drei Konsuln, die zur damaligen Zeit Avignon verwalteten. Auf einigen Darstellungen wird das Wappen zusätzlich von zwei Gerfalken gehalten, die eine Schelle an ihren Krallen tragen, und von einer Stadtmauer mit Zinnen bekrönt.

Die Gegend um Avignon ist reich an Kalkstein. Auch der ‚Rocher-des-Doms‘, jene Felserhebung nördlich des Papstpalastes, auf der sich der idyllische Park gleichen Namens befindet, besteht aus kalkhaltigem Sedimentgestein. Wie Wissenschaftler belegen konnten, gab es in den verschiedenen geologischen Zeitaltern im Gebiet von Avignon immer wieder Erdbeben. Das letzte größeren Ausmaßes sogar in jüngerer Zeit, nämlich am 11. Juni 1909. Spuren davon sind noch im Stadtzentrum zu sehen. Der Glockenturm der Augustinerkirche in der Rue Carreterie zum Beispiel hat sich damals leicht geneigt und steht nun erkennbar schief da.

Auch im kulturellen Bereich hat die Stadt, die lange den Titel ‚Stadt der Kunst‘ trug und auf eine jahrhundertealte Theatertradition zurückblicken kann, einiges vorzuweisen. Man findet in Avignon neben einer Oper zahlreiche Theater und mehrere Kunstgalerien. Avignon gilt zudem als Zentrum der Félibrige-Bewegung, einer Vereinigung von Schriftstellern, die sich 1854 im nahegelegenen Schloss Font-Ségugne zusammenfanden, um die provenzalische Kultur wiederzubeleben.

Das weltberühmte ‚Festival von Avignon' wurde 1947 von Jean Vilar gegründet und gilt u. a. als Wiege des choreographischen Balletttheaters. Im Jahr 2000 war Avignon Kulturhauptstadt Europas.

Am 11. November 1948, also bald nach dem Zweiten Weltkrieg, wurde Avignon mit dem Kriegskreuz ‚Croix de Guerre mit Silberstern' ausgezeichnet. Diese Auszeichnung in Form eines Ordens wird an Offiziere, Unteroffiziere, Mannschaften, Einheiten aber auch an Institutionen verliehen, die sich in Kriegszeiten besonders ausgezeichnet haben. Und 1977 war die Stadt Preisträger des Europapreises. Dieser Preis wird vom Europarat an Gemeinden verliehen, die hervorragende Leistungen zur Verbreitung des europäischen Einigungsgedankens erbracht haben.

Die Geschichte von Avignon

Papstpalast mit Kathedrale

Im Jahr 1965 wurden bei Ausgrabungen im Altstadtgebiet von Avignon Funde aus der Jungsteinzeit entdeckt. Somit ist gesichert, dass das heutige Avignon bereits im vierten Jahrtausend vor Christus besiedelt war.

Den Steinzeitmenschen folgten die Kavaren. Das waren keltoligurische Krieger und Fischer, die eine erste befestigte Ansiedlung gründeten, der sie den Namen Aouenion (Herr der Wasser) gaben. Im sechsten

Jahrhundert vor Christus kamen die Phokäer hinzu, ein Seefahrervolk aus Kleinasien, das in Marseille eine Kolonie gegründet hatte. Sie legten an dieser Stelle der Rhône einen befestigten Flusshafen an, den sie als Warenumschlagplatz nutzten. Von nun an hieß der Ort Avenio - Stadt der gewaltigen Winde. Ein Name, der sich auf die Stürme des hier vorherrschenden Mistrals bezieht.

Ab 48 v. Chr. übernahmen die Römer die Vormachtstellung in Avenio. Unter ihrer Herrschaft wurde die Stadt erweitert und der Flusshafen ausgebaut, so gewann sie an Bedeutung. Schließlich verlieh Kaiser Hadrian der Stadt den Status einer Kolonie, womit er sie zur an Rom gebundenen Stadt erhob. Damit lautete ihr voller Name ‚Colonia Iulia Augusta Avenionesium‘. Aus dieser Epoche sind jedoch kaum bauliche Überreste erhalten.

Während der Völkerwanderung im 4. bis 6. Jahrhundert verlor Avignon an Bedeutung. Kriege und Epidemien sorgten für einen Bevölkerungsrückgang. Das hatte zur Folge, dass nur noch ein kleines Gebiet auf und um den ‚Rocher-des-Doms‘ (so heißt der Stadtberg) besiedelt blieb.

737 verbündete sich Avignon mit den Arabern, die in die Provence eingefallen waren. Zur Vergeltung griff eine Armee christlicher Franken die Stadt an (Schlacht von Avignon) und brannte sie bis auf die Grundmauern nieder. Geführt wurden die Soldaten von Karl Martell, dem Großvater des späteren Kaisers Karl der Große.

Avignon wurde wiederaufgebaut. Es folgte eine lange Zeit des Friedens unter der zweigeteilten Herrschaft eines Bischofs und eines Provencegrafen, die den Königreichen von Provence und Hochburgund untergeben waren. 932 formte sich aus diesen beiden Königreichen das Königreich Arelat (regnum Aerelatense), unter dem sich Avignon wieder zu einer bedeutenden Stadt entwickeln konnte.

Nach dem Tod König Rudolfs III. von Burgund im Jahr 1032 ging das Arelat an Kaiser Konrad II. über. Zusammen mit den Königreichen Deutschland und Italien wurde es zur ‚tria regna‘. Die Rhône bildete nun die neue westliche Grenze des Kaiserreiches.

Als Avignon im zwölften Jahrhundert den Status einer sich selbst verwaltenden Stadtrepublik errang, entstanden die erste Stadtmauer und die St.-Bénezet-Brücke, bekannter als ‚Brücke von Avignon‘. Ihr war es zu verdanken, dass sich Avignon zu einem bedeutsamen Verkehrsknotenpunkt entwickeln konnte. Doch die Brücke und Teile des Mauerrings wurden bereits 1226 wieder zerstört, weil die Stadt König Ludwig VIII. die Durchreise verweigerte, wofür er sich unbarmherzig rächte.

Keine hundert Jahre später, nämlich Anfang des vierzehnten Jahrhunderts, verlegten die Päpste aufgrund politischer Querelen ihren Sitz von Rom nach Avignon. Diese Zeitperiode zwischen 1309 und 1377 wird ‚avignonesisches Papsttum‘, ‚avignonesisches Exil ‘ oder auch ‚babylonische Gefangenschaft der Kirche‘ genannt.

Erster Papst auf französischem Boden war Clemens V. Bei seiner liturgischen Weihe in Lyon war auch sein Freund, der französische König Philipp IV., anwesend, der mit dem Papsttum auf französischem Boden ein persönliches Machtinteresse verfolgte. Vorgeblich gehörte Lyon zwar zum Reich, stand zu dieser Zeit aber bereits unter französischem Einfluss.

Als neuer Papst residierte Clemens V. zunächst in der Grafschaft Venaissin. Da Avignon auf kirchlichem Gebiet lag, bestimmte er bald darauf die kleine Provinzstadt zum neuen Sitz der Päpste und zog im März

1309 in das dortige Dominikanerkloster ein. Erst unter seinem Nachfolger Benedikt XII., der vom 20. Dezember 1334 bis zu seinem Tode am 25. April 1342 als Papst in Avignon residierte, wurde mit dem Bau eines Papstpalastes begonnen - der sogenannte ‚Alte Palast' entstand.

Clemens VI., der als prunksüchtig und kunstliebend galt, war vom 7. Mai 1342 bis zu seinem Tod am 6. Dezember 1352 Papst in Avignon. Er ließ nicht nur den Neuen Palast errichten, sondern kaufte anno 1348 auch gleich die ganze Stadt, wodurch sie in Besitz des Kirchenstaates überging.

Papst Urban V. versuchte in den 1360er Jahren wieder nach Rom zurückzukehren. Doch erst seinem Nachfolger Gregor XI. gelang es 1377, das avignonesische Exil zu beenden. Doch dieser Schritt war nicht von Dauer. Schwere Konflikte im französisch dominierten sechzehnköpfigen Kardinalskollegium setzten ihm so sehr zu, dass er nach Avignon zurückkehrte. Am 24. September kam er dort an, starb jedoch bereits sechs Wochen später.

In Rom wurde ein neuer Papst gewählt - Urban VI. Weil aber die französischen Kardinäle mit dieser Wahl unzufrieden waren, wählten sie Clemens VII.

zum Gegenpapst, der nun wieder in Avignon residierte. Damit setzte das ‚Große Abendländisches Schisma‘ ein, die zeitweilige Spaltung innerhalb der lateinischen Kirche. Sie dauerte bis zur Wahl von Papst Martin V. am 11. November 1417 an, der sich schließlich mit Benedikt XIII. (Nachfolger von Gegenpapst Clemens VII.) einigte und damit das westliche Schisma beendete.

Natürlich blieb es nicht ohne Einfluss auf das Leben und das Stadtbild Avignons, dass die Päpste Ihren Sitz dorthin verlegt hatten. Nicht nur der mächtige Papstpalast entstand, auch Kirchen, Klöster und ein enormer Verteidigungswall wurden errichtet. Und gleichzeitig strömten immer mehr Menschen in die Stadt – Adelige und Kleriker, Intellektuelle, Kaufleute, Handwerker und Arbeiter, Architekten und Künstler von Rang und Namen. Innerhalb weniger Jahre wuchs die Einwohnerzahl von ehedem 6000 auf 30 000 an, was für die damalige Zeit im westlichen Europa eine beachtliche Größe war. Damit zählte Avignon zu den bedeutungsvollen Städten. Zum Vergleich: Paris, das zur selben Zeit als ‚alles verschlingender Moloch‘ galt, hatte etwa 100 000 Einwohner.

Doch nicht allen Menschen brachte der plötzliche Reichtum der Stadt Wohlstand und Glück. Während die Kardinäle und Adligen in ihren Palästen in unvorstellbarem Prunk und Luxus lebten, herrschte in den Armenvierteln außerhalb der Stadtmauern Not und Elend. Bettler, Tagelöhner und Prostituierte fristeten ihr Leben unter widrigen Umständen und schlechten hygienischen Bedingungen. Hinzu kamen Dürreperioden, Hungersnöte und schließlich auch die Pest, die 1349 ausbrach und gut ein Drittel der Einwohner Avignons dahinraffte.

Insgesamt sieben römische Päpste und fünf Gegenpäpste residierten in Avignon, die allerdings von der katholischen Kirche nicht anerkannt wurden. Als auch sie Anfang des fünfzehnten Jahrhunderts Avignon verlassen hatten, verwaltete ein päpstlicher Gesandter die Stadt. 1481, als die Provence an das Königreich Frankreich fiel, wurde sie schließlich zur päpstlichen Enklave auf französischem Boden ernannt.

Die Hugenottenkriege folgten. Nachdem im Zuge der Reformation und der daraus resultierenden Auseinandersetzungen in der benachbarten Stadt Orange zahlreiche kirchliche Güter zerstört worden waren,

griffen päpstliche Truppen aus Avignon ein und veranstalteten ein Massaker unter den Hugenotten. Die Vergeltung blieb nicht aus. 1562 belagerte der französische Protestantenführer Baron des Adrets, der für seine Gräueltaten bekannt war, Orange und ließ seine Gegner mit aller Brutalität niedermetzeln.

Danach blieb es für lange Zeit ruhig um Avignon. Die Stadt konnte wachsen und sich entwickeln. Neue Häuser, Kirchen, Klöster und Paläste entstanden. Nur die ‚Große Pest von 1721' trübte die Idylle für einige Zeit und raffte etwa 18 000 Einwohner dahin. Das entsprach drei Vierteln der Bevölkerung.

Die Französische Revolution setzte der Zeit des Friedens ein Ende. Ausgelöst durch Verwaltungsaufteilungen der Départements von Südfrankreich, der angestrebten Säkularisierung und der Forderung, die päpstlichen Gebiete Frankreich anzugliedern, kam es 1790 in Avignon zu einer Konterrevolution der Papsttreuen. Sie führte jedoch nicht zum Erfolg. Leider wurden bei diesen Kämpfen viele Bau- und Kunstdenkmäler der Stadt zerstört.

Auch zur Zeit des ‚Zweiten Kaiserreichs' unter der Herrschaft Napoleons III. (Second Empire français, 1852 bis 1870) wurde das Stadtbild Avignons tiefgreifend verändert. Man hat die Rue de la République verbreitert, die Place Pie vergrößert und am Rocher des Doms ‚Lustgärten' angelegt.

Am 18. Oktober 1847 wurde die Eisenbahnstrecke Avignon–Marseille eröffnet, 1860 der heutige Altstadt-Bahnhof Gare d'Avignon-Centre gebaut und im November 1898 die städtische ‚Pferdebahn' durch eine elektrische Straßenbahn ersetzt. 1937 schließlich wurde der Flugplatz von Avignon-Caumont eröffnet und im Laufe der Jahrzehnte zu einem internationalen Flughafen ausgebaut.

Heute ist Avignon Universitätsstadt und zählt mit fast 160 000 Einwohnern zu den Großstädten Frankreichs.

So folgen Sie unserem Rundgang

Der gesamte historische Stadtkern von Avignon ist Fußgängerzone, Teile sind für Anlieger freigegeben. An Sehenswürdigkeiten findet man vor allem Kirchen, kleine Stadtpaläste und natürlich den alles überragenden Papstpalast. Aber auch durch enge Altstadtgassen und zu lauschigen Plätzen werden wir Sie führen. Insgesamt gilt: Der Weg ist das Ziel, und wer unserem Rundgang folgt, der erhält einen guten Gesamteindruck der historischen Altstadt.

Wir starten am Altstadtbahnhof/Busbahnhof. Aber natürlich müssen Sie nicht gezwungenermaßen am Bahnhof anfangen. Sie können an jeder der aufgeführten Sehenswürdigkeiten in den Rundgang einsteigen. Dann suchen Sie sich im Inhaltsverzeichnis einfach die entsprechende Sehenswürdigkeit heraus und folgen von da an wie beschrieben unserem Weg. Sind Sie am ‚Ende' der von uns vorgegebenen Route (Altstadtbahnhof / Busbahnhof) angelangt, gehen Sie am Anfang unseres Rundgangs (Temple Saint Martial) weiter, bis Sie wieder bei Ihrem persönlichen Ausgangspunkt ankommen.

Der Rundgang einschließlich Abstecher zur Brücke beträgt 6,5 Kilometer. Das entspricht einer reinen Gehzeit von etwa 1,5 Stunden.

Tipp: Dem Altstadtbahnhof gegenüber liegen der Busbahnhof und das Postamt von Avignon. Sollten Sie Briefmarken benötigen oder über Festnetz zu Hause anrufen wollen, bietet sich hier eine günstige Gelegenheit.

Falls Sie mit dem Auto angereist sind, erklären wir Ihnen im Artikel Parken, wie Sie am besten in den Rundgang einsteigen können.

Sind Sie mit dem Zug angekommen, verlassen Sie den Bahnhof durch den Hauptausgang, überqueren Sie den Bahnhofvorplatz und gehen Sie geradeaus weiter auf den Cours Jean Jaurès. Diese Straße führt geradewegs in die Altstadt.

Sind Sie mit dem Bus angekommen und haben Sie nach dem Aussteigen die Stadtmauer im Blick und das imposante Postgebäude im Rücken, wenden Sie sich nach links und gehen Sie bis zur nächsten Straße – das ist der Cours Jean Jaurès. Hier wieder nach links Richtung Altstadt.

Tipp: Nach etwa 250 Metern, dort wo die Platanen-allee aufhört, sehen Sie rechts die Touristeninfo. Hier können Sie sich einen kostenlosen Stadtplan und weiteres Infomaterial besorgen! Aber auch auf Campingplätzen und in Hotels liegen Stadtpläne aus, die Sie allerdings nicht benötigen, wenn Sie einfach unserer Wegbeschreibung folgen.

Im Café / Restaurant Le Cintra, 44 Cours Jean Jaurès – nicht weit vom Bahnhof entfernt - gibt es freies WLAN.

Temple Saint Martial

Die Touristeninfo befindet sich in einem ehemaligen Stift, zu dem auch die angeschlossene Kirche St. Martial gehört. Das Kloster wurde 1378 von Kardinal Pierre de Cros, dem damaligen Erzbischof von Arles, als Kollegiatstift gegründet. St. Martial wurde zwischen 1383 und 1402 im gotischen Flamboyantstil erbaut, erhielt jedoch im Barock eine neue Fassade. Seit 1881 dient sie den Protestanten als Gotteshaus und zählt seit 1911 offiziell zu den historischen Monumenten der Stadt. Das zugehörige Stift wurde im Zuge der Französischen Revolution aufgelöst.

Geht man um das Gebäude herum, findet man den Zugang zu einem kleinen romantischen Park, der zum Komplex gehört. Er ist besonders hübsch und bietet Fotografen schöne Motive. Manchmal ist die Kirche geöffnet, dann kann man sie besichtigen.

So gehen Sie weiter: Zurück zum Cours Jean Jaurès und weiter Richtung Altstadt. An der nächsten Kreuzung sehen Sie rechts eine weitere Kirche. Sie wurde zu einem Museum umfunktioniert.

Musée Lapidaire

Tipp: Schon der Eintritt ins ‚Musée Lapidaire' kostet kaum etwas! Doch sollten Sie dieses oder ein anderes Museum besuchen, erhalten Sie einen Ermäßigungsausweis für alle weiteren Museen, durch den sich die Eintrittspreise halbieren. Es ist also kostengünstiger, wenn Sie dieses Museum besuchen, bevor Sie eine Eintrittskarte für den Papstpalast kaufen.

Die Kirche, eine imposante Marmorhalle, gehörte ehemals zu einem Jesuitenseminar. Hier wird die

Entstehung Avignons dokumentiert. Neben einer Sammlung von Büsten und anderen Steinarbeiten gibt es eine Landkarte von Italien aus dem Mittelalter. Darüber hinaus sind römische Glaswaren und griechische Vasen zu sehen, von denen die größte vier Meter hoch ist. Hin und wieder werden auch Sonderausstellungen gezeigt.

Tipp: Wir führen Sie als nächstes zur Kirche Saint-Didier (siehe unten). Sollten Sie kein Interesse an dieser Kirchenbesichtigung haben, bleiben Sie einfach auf der Rue de la République. Nach etwa 300 Metern kommt links ein ganz kleiner Platz mit einer Büste von Frédéric Mistral und einem Straßencafé. Gehen Sie an der Büste vorbei. Dahinter, auf der linken Seite, finden Sie den Eingang zum Palais du Roure.

So kommen Sie zur Kirche Saint-Didier: Setzen Sie Ihren Weg fort. Nach etwa100 Metern gabelt sich die Straße, hier nehmen Sie die rechte Gabelung (rechts an McDonald's vorbei in die Rue Théodore Aubanel). Nach weiteren 100 Metern öffnet sich rechts ein kleiner, schmuckloser Platz mit Blick auf eine Kirche.

Collegiale Saint-Didier

Auch Saint-Didier, nach dem Heiligen Desiderius von Langres benannt, war einst eine Stiftskirche. Sie wurde zwischen 1356 und 1359 an Stelle einer älteren Kirche erbaut, weil diese den Repräsentationsansprüchen einer Residenzstadt der Päpste nicht mehr genügte, und zählt zu Avignons bedeutendsten Bauwerken der Gotik. Als Architekt zeichnete Jacques Alasaud, der auch maßgeblich am Bau des Avignoner Papstpalasts beteiligt war.

Bei Saint-Didier handelt es sich um eine Wandpfeilerkirche. Man versteht darunter einen einschiffigen Bau, der an seinen Längsseiten von weit in den Innenraum der Kirche hervortretenden, wandgebundenen Pfeilern aufgegliedert wird. Dadurch entstehen zwischen den Pfeilern einzelne Raumteile, die als Kapellen genutzt werden. Diese architektonische Form war im 14. Jahrhundert noch eher unüblich. Auch der Frauendom in München oder die Katharinenkirche in Brandenburg sind Wandpfeilerkirchen.

Nennenswert sind darüber hinaus die Kanzel im spätgotischen Flamboyant-Stil (Flamboyant bedeutet im Französischen flammend), Teile von Wandgemälden mit Passionsdarstellungen, die erst in neuerer Zeit freigelegt wurden, und ein am Hochalter befindlicher Altaraufsatz (Altarretabel) aus Sandstein, der die Kreuztragung Christi (Portement-de-Croix-Szene) im Halbrelief zeigt. Er wurde im Auftrag König René I. um 1480 von Francesco Laurana geschaffen und zählt zu den frühesten Werken der Renaissancekunst in Frankreich.

Die Orgel aus der Werkstatt von François Mader stammt aus dem Jahr 1891. Sie verfügt über 32 Register auf drei Manualen und Pedal.

Adresse: 10 Place Saint-Didier

So gehen Sie weiter: Setzen Sie Ihren Weg auf der Rue Théodore Aubanel fort. Nach nur wenigen Schritten in die erste links abbiegen, dann wieder rechts, zurück auf die Rue de la République und weiter geradeaus. Nach etwa 200 Metern kommt links ein ganz kleiner Platz mit einer Büste von Frédéric Mistral. Gehen Sie an der Büste vorbei. Dahinter, auf der linken Seite, finden Sie den Eingang zum

Palais du Roure

Erbaut wurde dieses Herrenhaus im gotischen Stil im fünfzehnten Jahrhundert. Ursprünglich hieß es Hôtel de Baroncelli-Javon. Seinen heutigen Namen erhielt es erst im 19. Jahrhundert durch Frédéric Mistral, einen französischer Dichter und Linguisten, der 1904 den Nobelpreis für Literatur erhielt. Die aus Florenz stammende Familie Baroncelli bewohnte das Haus von 1469 bis 1908. Im 17. Jahrhundert wurde es zu einem Stadtpalais umgebaut. Heute ist es ein Museum für Volkskunst und -traditionen, das sich vor allem der Geschichte, Sprache, Literatur und den Traditionen der Provence widmet.

In diesem kleinen Museum erhält man einen guten Eindruck, wie man in so einem Stadtpalais lebte. Zu besichtigen sind die ‚Ehrentreppe‘, einige der Räumlichkeiten mit schönen Möbeln und Kunstwerken sowie eine große Glockensammlung von Jeanne de Flandreysey.

An einer Führung in französischer oder englischer Sprache kann man von Dienstag bis Samstag um 11 Uhr teilnehmen. Museumsbesichtigung ohne Führung Dienstag bis Samstag 10-13 Uhr u. 14-18 Uhr (Einlass bis 17:45 Uhr). Der Eintritt ist frei.

Adresse: 3 Rue Collège du Roure

Bis hierher sind Sie 850 Meter gegangen.

So gehen Sie weiter: Mit dem Eingangstor im Rücken geradeaus durch die kleine Gasse bis zur nächsten Straße. Dort links und geradeaus über die kleine Kreuzung. Die Eglise Saint-Agricol liegt rechts. Gehen Sie an der Kirche vorbei und dann rechts zum Eingang (Insgesamt 150 Meter) – falls Sie diese Kirche nicht besichtigen wollen, gehen Sie einfach geradeaus weiter zur Place de l'Horloge.

Eglise Saint-Agricol

Die erste Kirche an dieser Stelle ließ Agricol im 7. Jahrhundert erbauen. Später wurde er heiliggesprochen und zu einem der Schutzpatrone Avignons.

In der ersten Hälfte des 14. Jahrhundert ließ Papst Johannes XXII. die Kirche erneuern. Sie ist in Avignon die einzige Kirche mit Seitenschiffen aus dem 14. Jahrhundert. Die gotische Fassade stammt jedoch aus dem 15. Jahrhundert, den Turm erhielt die Kirche erst in den Jahren 1737 bis 46. Nach den Wirren der französischen Revolution diente St. Agricole einige Jahre als Kathedrale.

Der Hl. Agricolus wurde 630 in Avignon geboren. Er lebte ab seinem sechzehnten Lebensjahr als Mönch in der Abtei von Lérins Profess und kehrte vierzehn Jahre später auf Geheiß seines Vaters, dem Hl. Magnus, zurück. Nach dessen Tod war Agricol von 660-700 vierzig Jahre lang Bischof von Avignon. Er starb im Alter von 70 Jahren und wurde in der Saint Peters-Kirche in Avignon begraben. Danach wurden seine Gebeine jedoch viermal umgebettet. Heute werden seine Reliquien hier aufbewahrt. Des Weiteren findet man in Saint Agricol viele Gräber und Inschriften, ebenso Werke von Simon de Châlons, de Grève und Nicolas Mignard.

Ein Hl. Agricolus gilt als Schutzpatron der Storchennester, ob es sich dabei aber um den Hl. Agricolus aus Avignon handelt, lässt sich nicht mit Sicherheit sagen.

Adresse: 23 rue Saint-Agricol

So gehen Sie weiter: Wie gekommen zurück, über die Kreuzung und weiter bis zu dem Platz mit den Bäumen (200 Meter). Das ist die

Place de l'Horloge

Es ist der zentrale Platz der Stadt. Hier stehen das Rathaus und daneben die Oper. Restaurants mit meist überteuerten Preisen reihen sich eng aneinander, für musikalische Unterhaltung sorgen Straßenmusikanten.

Doch nicht immer ging es auf diesem Platz so fröhlich zu, denn in Zeiten der französischen Revolution stand hier die Guillotine. Den Namen Place de l'Horloge (Platz der Uhr) erhielt er, nachdem an dieser

Stelle 1472 der erste Uhrturm mit einer Figur errichtet wurde, die den Bürgern die Stunden schlug.

Das Opernhaus, rechts neben dem Rathaus, ist leider von innen nicht zu besichtigen. Es wurde 1847 errichtet, nachdem die alte Oper abgebrannt war. Unter den vielen Skulpturen, die die Fassade schmücken, finden sich die französischen Dramatiker Moliere und Corneille.

Tipp: Wer auf der Place de l'Horloge isst oder trinkt, zahlt für nicht immer gute Qualität viel Geld. Und leider muss man sich auch vor Taschendieben in Acht nehmen.

So gehen Sie weiter: Mit dem Rathaus im Blick, wenden Sie sich nach rechts und setzen Ihren Weg fort. Sie gehen auf ein Haus zu, an dem sich die Straße gabelt. Dort rechts in die schmale Gasse auf die ‚Place du Palais' (insgesamt 200 Meter). Links nach den Tischen des Restaurants sehen Sie das

Hôtel des Monnaies

Dieser kleine Palast, der als Weltkulturerbe ausgewiesen ist, wurde 1619 zur Unterbringung der päpstlichen Gesandtschaft des italienischen Kardinals Scipione Borghese errichtet. Sein Wappen mit Drache und Adler schmückt noch heute die wunderschöne Barockfassade. Später diente das Gebäude der Kavallerie als Kaserne und war während der französischen Revolution Hauptquartier der Gendarmerie. Heute ist das Konservatorium darin untergebracht.

Tipp für Weinliebhaber: In dem historischen Gebäude neben dem Hôtel des Monnaies ist das Weinzentrum ‚Carré du Palais‘ untergebracht. Auf einer Größe von rund 2000 Quadratmetern beherbergt es eine Weinbar, ein Restaurant, ein First-Class-Hotel und eine Weinschule, die Kurse in acht verschiedenen Sprachen anbietet. Die Weinbar führt alle A.O.C.-zertifizierten Weine des Rhône-Tals.

Adresse: Place du Palais / Bis hierher sind Sie (ab Bahnhof, die Abstecher zu den beiden Kirchen eingeschlossen) 1400 Meter gegangen.

So gehen Sie weiter: Von hier aus sehen Sie bereits den Eingang zum Papstpalast (rechts, schräg gegenüber).

Papstpalast (Palais des Papes)

Tipp: Falls Sie es nicht schon getan haben, lesen Sie vor einer Besichtigung auch den Artikel über die Geschichte Avignons, speziell den Abschnitt über die Päpste und ihr Wirken in dieser Stadt.

Der mächtige Palast, der den Päpsten und Gegenpäpsten von Avignon im 14. und Anfang des 15. Jahrhunderts Festung, Residenz, Verwaltungsort und Kloster in einem war, zählt heute zum Weltkulturerbe. Mit einer Nutzfläche von 15000 Quadratmetern gehört er zu den größten gotischen Palästen Europas. Allein der Speisesaal misst 48 auf 10 Meter.

Errichtet wurde der Palast ab 1335 in nicht einmal 20 Jahren durch Benedikt XII. und seinem Nachfolger Clément VI. Das Wort ‚Palast' hat hier jedoch wenig mit barocken Auswüchsen von Gold und Schnörkeln zu tun. Mit seinen Zinnen, Türmen, Schießscharten und meterdicken Mauern erinnert das Bauwerk eher an eine Trutzburg aus einer Ritter-Saga. Auch von innen besticht der Papstpalast vor allem durch seine imposante Größe und die Kargheit, die dem Mittelalter nun einmal zu eigen war.

Nachdem Papst Clemens V. noch im Kloster der Dominikaner gelebt hatte, richtete sich sein Nachfolger Papst Johannes XXII. zuerst einmal im einstigen Bischofspalast ein, den er nach seinen Vorstellungen umbauen ließ. Doch Papst Benedikt XII., dem dritten der Avignoner Päpste, war dieses Gebäude als Papstsitz nicht würdig genug. Er kaufte es kurzerhand, ließ es abreißen und an selber Stelle einen vierflügeligen Palast errichten, der heute als ‚alter Palast‘ bezeichnet wird. Papst Clemens VI. schließlich gab die Anbauten im Süden und Westen in Auftrag, die heute als neuer Palast gelten. Durch diese Baumaßnahmen wurde die Größe des Palastes verdoppelt.

Dass der Palast als Festungsbau errichtet wurde, schuldet er der Zeit seiner Entstehung, in der feindliche Angriffe und Kriege mehr oder weniger an der Tagesordnung waren. Diese Tatsache erklärt auch, weshalb man ihn ausgerechnet auf den Rocher des Doms baute, einen Felsen aus massivem Gestein. Bei Belagerungen wurde im Mittelalter immer wieder

versucht, Festungen über unterirdische Gänge ein-
zunehmen, was hier Dank des Felsens allerdings un-
möglich war.

Eher abweisend denn wie ein Palast wirkt auch die
Fassade mit ihren zahlreichen Schießscharten in der
Form eines Kreuzes und den großen ‚Pechnasen'.
Steht man am Eingangstor und sieht nach oben, entdeckt man zwischen den beiden Türmen einen kurzen Wehrgang mit Gussöffnungen, die man Maschi-
kulis nennt. Schafften es Belagerer bis hier her,
konnten sie mit Steinen oder siedenden Flüssigkei-
ten wie Wasser oder Öl abgewehrt werden. Pech,
wie der Ausdruck ‚Pechnasen' vermuten lässt, wurde
bei solchen Gelegenheiten vermutlich niemals be-
nutzt.

Nachdem die Päpste Avignon zu Beginn des 15. Jahrhunderts wieder verlassen hatten, stand der Komplex länger leer. Im Laufe der Zeit, und wohl vornehmlich während der Französischen Revolution,
wurde er seiner kostbaren Möblierung beraubt.
1810 hat man ihn zur Kaserne umfunktioniert, was
dann auch für die wenigen noch verbliebenen Kunst-
schätze das Aus bedeutete. Viele der Fresken wurden abgenommen und von Antiquitätenhändlern in

Teilstücken an Privatleute verschachert. Erst 1906 hat man den Papstpalast als Museum ausgestattet.

Betritt man den Papstpalast, steht man im ersten Innenhof, auch Ehrenhof genannt, der eine imposante Größe hat. Er wurde vom französischen Staat mit dem Europäischen Kulturerbe-Siegel ausgezeichnet. Allerdings werden hier während der Festspielzeit Sitzränge aufgebaut, was die Ansicht des Hofes zerstört.

Im Innenhof des Palastes finden regelmäßig Wechselausstellungen verschiedener Künstler statt

Die meisten der fünfundzwanzig Räumlichkeiten, die für Besucher geöffnet werden, sind unmöbliert und nur spärlich mit Wandteppichen oder Papstporträts dekoriert. Trotzdem ist ein Rundgang interessant und aufschlussreich. Mit Hilfe von kurzen Filmen, Multimedia-Audioguides in 3D-Bildern, Histopads und Tonkulissen kann man den einzelnen Bauetappen, der ursprüngliche Ausstattung und dem Leben im Palast auf moderne und interaktive Weise nachspüren. Auch sind in regelmäßigen Wechselausstellungen moderne Kunstwerke zu sehen, die mit sehr viel Feingefühl in die Säle, Höfe und Flure integriert wurden.

Besichtigt werden können unter anderem das Kloster, einige Kapellen und die Privatgemächer der Päpste, der Konsistoriensaal, in dem zur Zeit des Schismas das oberste Tribunal tagte, oder der Speisesaal des Papstes, der mit einer Länge von 48 Metern und einer Breite von 10 Metern der größte Saal des Palastes ist.

Besonders erwähnenswert sind die verbliebenen Fresken des italienischen Malers Matteo Giovannetti im Audienzsaal und der Saint-Martial-Kapelle und das sogenannte Hirschzimmer, das Papst Clemens VI. als Arbeitszimmer diente. Diesen Namen erhielt es aufgrund der Jagd- und Angelszenen, die dort die

Wände schmücken. Sie werden auf das Jahr 1343 datiert, der Maler ist unbekannt.

In der Kapelle St-Jean wurden die mittelalterlichen Fresken im unteren Teil bis auf eine Höhe von zwei Metern abgetragen und verkauft. Man hat sie lange Zeit dem Maler Simone Martini zugeschrieben. Inzwischen nimmt man an, dass sie ebenfalls von Matteo Giovannetti stammen, der sein Schüler war.

Bleibt noch zu erwähnen, dass man vom Dach des Palastes aus einen schönen Blick auf die Place du Palais und die Stadt genießen kann.

Etwa 600 000 Besucher kommen Jahr für Jahr nach Avignon, um den Palast zu sehen. Damit gehört er neben Disneyland, dem Louvre und dem Eiffelturm zu den zehn meistbesuchten Sehenswürdigkeiten Frankreichs. Das ganze Jahr über werden Führungen angeboten. Darunter auch themenbezogene Führungen wie ‚Die Päpste und ihre Haustiere‘ oder nur samstags und sonntags ‚Der geheime Palast‘. Hier erhält man Einblick in Räume und versteckte Gänge, die ansonsten für die Öffentlichkeit nicht zugänglich sind. Außerdem finden auf dem Areal des Palastpalastes Konzerte und Festivals statt.

Eine weitere spannende Möglichkeit, den Papstpalast zu erleben, ist eine Lichtshow, die von August bis Anfang Oktober zweimal am Abend in französischer und englischer Sprache im Ehrenhof gezeigt wird.

Weitere Infos über Führungen, Preise und Veranstaltungen finden Sie auf der offiziellen Website des Papstpalasts

Achtung: Der Papstpalast ist für Rollstuhlfahrer nicht zugänglich! Kinderwagen dürfen nicht mit in den Palast. Es stehen Babytragetaschen kostenlos zur Verfügung, die Kinderwagen können in Schließfächern untergebracht werden.

Öffnungszeiten (nur unter Vorbehalt, da sie sich immer einmal wieder um ca. eine halbe Stunde verschieben):

1. September bis 1. November: 9:00 bis 19:00 Uhr
2. November bis 29. Februar: 9:30 bis 17:45 Uhr
März: 9:00 bis 18:30 Uhr
April bis 30. Juni: 9:00 bis 19:00 Uhr
Juli: 9:00 bis 20:00 Uhr / August: 9h00 bis 20h30

Tipp: Wer die Eintrittskarten nicht rechtzeitig vor der täglichen Invasion der Touristen besorgt, steht während der Hauptsaison schon mal mehr als eine Stunde an der Kasse an. Nimmt man die kombinierte Eintrittskarte für Palast und Brücke, fährt man preislich etwas günstiger.
Am Papstpalast startet der Petit Train Avignon – eine Rundfahrtbahn mit Audioguides an Bord, die allerdings keinen Ersatz für unseren Rundgang bietet.

Blick vom Dach des Papstpalast auf die Kathedrale
Im Hintergrund das Musée du Petit Palais

So gehen Sie weiter: Gleich neben dem Papstpalast befindet sich die Kathedrale.

Kathedrale Notre-Dame des Doms

Die Fassade dieser Kathedrale, die der Mutter Gottes geweiht wurde, ist schlicht gehalten. Von außen sieht man dieser Kirche nicht an, welche tragende Rolle sie einst spielte und auch heute noch spielt, denn sie ist Sitz des Erzbischofs von Avignon und letzte Ruhestätte französischer Päpste.

Im 12. Jahrhundert auf dem Fundament einer Basilika aus dem 4. Jahrhundert zunächst einschiffig errichtet, wurde der romanische Sakralbau in den folgenden Jahrhunderten mehrmals erweitert. So erhielt er seine Kuppel und die seitlichen Kapellen im 14. Jahrhundert, den Chorraum und die barocke Galerie im 17. Jahrhundert. Die Hauptorgel aus der Werkstatt des lombardischen Orgelbauers Piantanida wurde im Jahr 1818 eingebaut, die sechs Meter große und 4,5 Tonnen schwere Marienstatue aus vergoldetem Blei 1859 auf die Spitze des Westturms gesetzt.

Der Ostturm stürzte 1405 ein und wurde 1425 wiederaufgebaut. Heute ist er Glockenturm und mit 35 Glocken bestückt, die ein Gesamtgewicht von insgesamt 12 Tonnen auf die Waage bringen. Die größte von ihnen ist alleine 6300 Kilo schwer. Sie stammt aus dem Jahr 1854. Bereits zwei Jahre später kamen weitere Glocken hinzu, die letzte erst 1989.

Während der Französischen Revolution war die Kathedrale stark zerstört und zu einem Gefängnis umfunktioniert worden. Auf Initiative des damaligen Erzbischofs und späteren Kardinals Jakob du Pont hat man sie in der ersten Hälfte des 19. Jahrhunderts jedoch wiederhergestellt und ihrer einstigen Funktion zugeführt.

Tipp: Die Kathedrale ist das ganze Jahr hindurch täglich geöffnet, und es werden regelmäßig Gottesdienste abgehalten. Falls Sie aktiver Christ sind, besuchen Sie doch einen dieser Gottesdienste in der letzten Ruhestätte französischer Päpste.

Zahlreiche bemerkenswerte Kunstwerke sind im Inneren der Kathedrale zu bewundern. Gleich beim Eingang kann man ein Fresko aus dem 15. Jahrhundert sehen, das die Taufe Jesu Christi zeigt. In der zweiten und dritten Kapelle rechts des Hauptschiffes befinden sich zwei wertvolle Marienstatuen. Auch religiöse Relikte wie liturgische Gefäße oder Kleidung und Reliquien sowie Grabstätten der Päpste, die mit kunstvollen Steinreliefs geschmückt sind, zählen zu den Schätzen der Kathedrale. Doch von allem ist das Grabmal Papst Johannes XXII., das zu den Meisterwerken der gotischen Bildhauerkunst des 14. Jahrhunderts zählt, am bedeutendsten.

Im Chorraum (hinterer Teil der Kathedrale) kann man unter einem roten Baldachin den Bischofsthron aus weißem Marmor bewundern, auf dem die Päpste saßen. Er stammt aus dem 12. Jahrhundert und ist mit Skulpturen verziert, die die Evangelisten Markus und Lukas als geflügelten Löwen und geflügelten Stier darstellen. Auch der steinerne Altar der Kathedrale diente bereits den Päpsten zur Ausübung ihrer Rituale. Und über all dem schwebt gleichsam eine achteckige Kuppel, durch deren Fenster Sonnenlicht fällt, das zu bestimmten Zeiten einzelne Teile der Kirche auf theatralische Weise mit Licht überflutet.

Die Hauptorgel aus dem Jahr 1818 stammt aus der Werkstatt des lombardischen Orgelbauer Piantanida. Sie hat kein eigenständiges Pedalwerk, sondern wird durch Registerzüge aus dem Manualwerk bedient.

Rocher des Doms

Der Felsvorsprung am Ufer der Rhône gilt als Wiege Avignons, denn in seinen Höhlen siedelten sich vor Urzeiten erste Menschen an. Zu Beginn des 1. Jahrhunderts, zu Zeiten Kaiser Augustus', stand auf dem Rocher des Doms eine römische Villa. Der 29.000 Quadratmeter große Park wurde im Jahr 1830 angelegt.

Von der großen gepflasterten Terrasse hat man ei-

Park auf dem Rocher des Doms

Pont d'Avignon, die Rhône-Inseln, die Weinberge und die Neustadt. Überall finden sich Bänke, Picknickplätze und lauschige, schattige Rückzugsorte, wo man für ei-nen Moment dem lauten Treiben der Stadt entfliehen kann. Auf Hinweistafeln entlang der Wege erhält man interessante Informationen zur Geschichte des Rocher des Doms oder sieht Statuen berühmter Persönlichkei-ten Avignons, wie die des Dichters und Schriftstellers Félix Gras oder des Malers Paul Saïn. Am Teich findet man die Bronzestatue der ‚Venus mit den Schwalben‘ aus dem 19. Jahrhundert. Sie wurde eigentlich für die

Kirche Saint Pierre geschaffen. Doch die Gläubigen empörten sich so sehr darüber, eine nackte Frauengestalt in ihrer Kirche dulden zu müssen, dass man sie schließlich in den Park umsiedelte. Ganz in der Nähe der Venus gibt es auch ein kleines Café. Dort kann man bei Kaffee und Kuchen die Enten und Schwäne auf dem Wasser beobachten - und für Kinder wurden auf dem Rocher des Doms Spielplätze und ein Karussell errichtet.

Als Attraktion des Parks gilt die ‚analemmatische Sonnenuhr‘, die im Jahr 1902 angelegt wurde, damals noch eine echte Seltenheit. Auch heute sieht man diese Art von Sonnenuhren nicht allzu oft. Sie bestehen aus einer ellipsenförmigen Skala und einer Datumslinie in ihrer Mitte. Um eine genaue Zeitangabe zu erhalten, muss der Schattenwerfer (Zeiger) auf ihr dem Datum gemäß verschoben werden.

Die meisten ‚analemmatischen Sonnenuhren‘ (wie auch die in Avignon) sind Bodensonnenuhren und so groß, dass ein Mensch mit hocherhobenem Arm die Funktion des Zeigers übernehmen kann. Dort wo der Schatten die Ellipse berührt, ist die Zeit abzulesen. Ist der Schatten zu kurz, verlängert man ihn gedanklich bis zur Ellipse.

Die erste analemmatische Sonnenuhr stammt aus dem Jahr 1513 und entstand in Frankreich vor der Abtei in Brou bei Bourg-en-Bresse. Als Erfinder gilt ein Mann namens Vauzelard. Weitere solcher Sonnenuhren findet man zum Beispiel in Dijon, Besançon oder Montpellier.

Der Park, der gleich hinter der Kathedrale liegt, kann täglich bis zum Einbruch der Dunkelheit besucht werden. Er ist auch mit dem Rollstuhl und Kinderwagen in wenigen Minuten zu erreichen – aber Achtung, es geht leicht bergauf! Ein zweiter Weg führt vom Ufer der Rhône über eine Treppe zum Park hinauf beziehungsweise zur Pont d'Avignon hinunter.

So gehen Sie weiter: Zurück zur Kathedrale, dort die Treppe zwischen Eingang und Brunnen hinunter und gleich nach der letzten Stufe rechts über eine schmalere Treppe zur Straße hinunter. Am Ende dieser Treppe die Straße überqueren und schräg rechts über eine weitere Treppe auf die Place du Palais. Werfen Sie hier einen Blick nach rechts auf den Kleinen Palast am Ende des Platzes – es ist das

Musée du Petit Palais

Das ‚Museum im Kleinen Palast' ist seit 1976 Kunstgalerie. Kardinal Arnaud de Via, gestorben am 24.11.1335 in Avignon, war ein Neffe von Papst Johannes XXII. Er war es, der an dieser Stelle einen ersten Palast errichten ließ. Später wurde der Palast zum Amtssitz des Erzbischofs von Avignon. Erzbischof Julien de la Rovère, der spätere Papst Julius II., baute ihn schließlich Ende des 15. Jahrhunderts in seiner heutigen Form neu auf.

Die Bestände des Museums stammten aus dem Musée Calvet d'Avignon und dem Louvre in Paris. Gezeigt werden unter anderem eine Sammlung von Gemälden aus der Zeit der französischen Päpste (Avignoner Schule des 13. bis 16. Jh.) und Gemälden und Skulpturen aus der Renaissance, die teilweise aus der Sammlung von Giampietro Campana stammen. Giovanni Pietro Campana, ab 1849 Marquis de Cavelli, wurde 1808 in Rom geboren, wo er am 10. Oktober 1880 starb. Er war ein italienischer Unternehmer und fanatischer Kunstsammler. Sein Vermögen erwarb er zum Teil auf unredliche Weise, weshalb er im Kerker landete. Nach seinem Tod wurden seine Besitztümer veräußert. Einen großen Teil seiner Kunstsammlung erwarb Frankreich.

Das Museum bietet auch Seminare für Erwachsene zur Einführung in die Kunstgeschichte, künstlerische Workshops für Kinder, Konferenzen und zeitlich begrenzte Ausstellungen an. Geöffnet ist es täglich von 10 bis 13 und 14 bis 18 Uhr außer dienstags. Geschlossen am 1. Januar, 1. Mai und 25. Dezember.

Bis hierher sind Sie etwa 2 bis Kilometer gegangen.

Abstecher zur Brücke von Avignon

Manchem mag es genügen, die Brücke vom Rocher des Doms aus gesehen und fotografiert zu haben. Andere möchten die Brücke unbedingt betreten und von ihr aus einen Blick auf die Stadt werfen. Wollen Sie zur Brücke gehen (der Abstecher zur Brücke beträgt hin und wieder zurück insgesamt 1800 Meter Fußweg), überqueren Sie den Platz mit der Treppe im Rücken und betreten Sie mit einem kleinen Rechtsschwenk die Gasse Rue Pente Rapide. Am Ende der Gasse geradeaus über den kleinen Platz und weiter auf die Rue Grande Fusterie. Dort rechts abbiegen. Auf dem nächsten kleinen Platz rechts halten. Folgen Sie dem Wegweiser zur Pont d'Avignon.

Wollen Sie den Abstecher zur Brücke jedoch überspringen, lesen Sie zur Information die Artikel Saint-Bénezet-Brücke und gehen dann ab Papstpalast so weiter, wie am Ende des Artikels beschrieben.

Saint-Bénezet-Brücke

„Sur le pont d'Avignon l'on y danse, l'on y danse - sur le pont d'Avignon l'on y danse tout en rond ...“ - Wer kennt dieses Lied, das im 15. Jahrhundert geschrieben wurde, nicht? Es handelt von einem großen Volksfest, das damals unter der Brücke von Avignon gefeiert wurde. Auch Mireille Mathieu, die aus Avignon stammt, besingt die Brücke. So ist sie den meisten Menschen besser als ‚Pont d'Avignon‘ – als Brücke von Avignon bekannt. Erbaut wurde sie zusammen mit dem Mauerring in den Jahren 1177 bis 1185. Gemeinsam mit dem Papstpalast, der Barockfassade am Hôtel des Monnaies, der Fassade des Museums Petit Palais und der Mauer, wurde sie ins UNESCO-Weltkulturerbe aufgenommen. Weil sie für längere Zeit als einzige Steinbrücke zwischen Lyon und dem Mittelmeer die Regionen rechts und links der Rhône verband, konnte sich Avignon zu einem bedeutsamen Verkehrs-Knotenpunkt entwickeln.

Ein Kreuzfahrtschiff vor der Brücke von Avignon

Dabei diente sie nicht nur als Grenzposten zwischen Kirchenstaat und dem Territorium Frankreichs, sie wurde auch genutzt, um von Händlern und Reisenden Wegezoll einzutreiben und Almosen für den Brückenheiligen Saint Bénezet zu erbitten.

Doch die Brücke und Teile des Mauerrings wurden bereits 1226 wieder zerstört, nachdem das kaiserliche Avignon dem französischen König Ludwig VIII. auf seinem Kreuzzug gegen die Albigenser den Weg versperrt hatte, worauf er mit seinem Heer die Stadt belagerte und mehrmals angriff. Zwar baute man die Brücke danach wieder auf, doch weitere Kriege und Hochwasser richteten immer neue Schäden an. 1603 stürzte schließlich der erste Brückenbogen ein, drei weitere folgten 1605.

Ende der 1620iger Jahre wurde die Brück noch einmal gerichtet, doch schon bald nach der Fertigstellung im Jahr 1633 stürzten noch einmal zwei Bögen ein. Nach einer Flut im Jahr 1669, die große Teile der Brücke mit sich riss, wurde sie endgültig aufgegeben. So sind heute von den ursprünglich zweiundzwanzig Steinbögen der Pont d'Avignon, die einst beide Rhone-Arme und die Inseln auf einer Länge von etwas mehr als 900 Metern überspannte, nur noch vier übrig.

Natürlich gibt es zur Brücke auch eine Sage. Da heißt es, dass der Schäferjunge Bénezet, der später heiliggesprochen wurde, anno 1177 während einer Sonnenfinsternis durch eine Vision den Auftrag erhielt, diese Brücke zu errichten. Als er weder beim Klerus noch bei den Bewohnern der Stadt auf Gehör stieß und niemand ihm Folge leisten wollte, hob er scheinbar mühelos einen gewaltigen Stein auf und legte damit das Fundament der Brücke. Das wurde als göttliches Zeichen gesehen, und so baute man die Brücke endlich doch.

Eine Ausstellung im Brückenhaus führt zunächst in die Geschichte der Pont Saint-Bénezet ein. Im Untergeschoss zeigt ein Film, wie diese und andere Brücken gebaut wurden. Auf einem Gemälde kann man sehen, wie die die Brücke einst aussah.

Spaziert man dann über die Brücke, kommt man zu einer kleinen Steinkapelle auf dem dritten Brückenpfeiler. Dort wurde ursprünglich der Leichnam des Saint-Bénezet aufbewahrt. Doch wegen der ständigen Überschwemmungen hat man seine sterblichen Überreste später in die Kirche Saint-Didier in Avignon verbracht (siehe Anfang unseres Rundgangs).

Um die Brücke und das Brückenhaus betreten und besichtigen zu können, muss man Eintritt bezahlen. Kostenlose und überwachte Schließfächer sind vorhanden. Gegen eine geringe Gebühr kann man einen Multimedia-Audioguide ausleihen. Für blinde Besucher gibt es spezielle Audioguides. Auf die Brücke gelangt man über eine Treppe – früher gab es natürlich eine Auffahrt zur Brücke, die heute verschwunden ist. Für Kinderwagen und Rollstuhlfahrer ist ein Aufzug vorhanden. Tiere dürfen mit auf die Brücke.

Öffnungszeiten: Die Pont Saint Bénezet ist ganzjährig und täglich geöffnet. Letzter Einlass 30 Minuten vor Schließung.

September: 9.00 bis 19.00 Uhr

November bis einschließlich Februar: 9.30 bis 17.45 Uhr

März 9.00 bis 18.30 Uhr

April bis einschließlich Juni: 9.00 bis 19.00 Uhr

Juli: 9.00 bis 20.00 Uhr

August: 9.00 bis 20.30 Uhr

So gehen Sie weiter: Zurück zum Papstpalast und zur Place de l'Horloge. An der Oper und dem Rathaus vorbei und beim letzten Baum des Platzes links in die Rue Favart. Nun sehen Sie bereits den Turm der Kirche St-Pierre. Nach wenigen Metern macht die Straße eine Linkskurve. Dort geht es links in eine schmale Gasse zur Place St-Pierre – 250 Meter ab Papstpalast.

St-Pierre d'Avignon

Die heutige Pfarrkirche Saint Pierre wurde unter Papst Innozenz VI. zur Kollegiatskirche erhoben. Es heißt, sie sei die am prächtigsten ausgestatte Kirche Frankreichs. Die Kirche, die reich geschmückte Fassade im provenzalischen gotischen Stil und die äußerst kunstvoll geschnitzten Türen sind unbedingt eine Besichtigung wert! Der gleichnamige Platz, auf dem St-Pierre steht, ist aufwendig mit Kieselsteinen gepflastert.

Die erste Kirche an dieser Stelle stammte aus dem 7. Jahrhundert. In ihr ruhten ursprünglich die Gebeine des Hl. Agricol (630-700), der vierzig Jahre lang Bischof von Avignon war und zu den Schutzheiligen der Stadt zählt. Doch als im 12. Jahrhundert eine Kirche gebaut wurde, der man seinen Namen gab – die Eglise St. Agricole - hat man seine Gebeine dorthin umgebettet.

Seit ihrem Bestehen wurde St. Pierre mehrfach zerstört und wieder auf- oder umgebaut. Die heutige Kirche im gotischen Stil stammt aus dem 14. Jahrhundert. Nachdem 1495 der Glockenturm hinzukam und 1512-1525 die Fassade neugestaltet wurde, erhielt die Kirche ihr heutiges Aussehen.

Das aufwendig gearbeitete und überaus kostbare Renaissance-Holzportal mit Schnitzereien an den Türen, dem Türrahmen, dem Mittelteil und im Sturzbogen erhielt die Kirche erst im Jahr 1551. Sie stammen aus der Werkstatt von Antoine Volard, einem Bildhauer aus dem Burgundischen. Ein wohlhabender

Kaufmann namens Michel Lopis stiftete sie und bezahlte unglaubliche 60 Goldkronen dafür. Auf dem Trumeaupfeiler zwischen den beiden Portalen steht eine Maria mit Kind.

Im Inneren stechen besonders ein dekorativer Thron aus weißem Kalkstein aus dem 15. Jahrhundert und ein Altarbild hervor, auf dem das Abendmahl dargestellt ist.

Tipp: Im Restaurant L'Epicerie vor der Kirche isst man gut, sofern man Glück hat und einen Platz ergattern kann. Auch hinter der Kirche, auf der Nordseite – das Tor befindet sich im Westen – ist ein kleiner idyllischer Platz (La Place des Chataignes), wo man gemütlich sitzen kann.

So gehen Sie weiter: Mit dem Eingang im Rücken links an der Kirche vorbei in die kleine Gasse (Rue Saint-Pierre). Am Ende der Gasse links auf die Rue Carnot und die nächste rechts auf die Place Carnot. Dort geradeaus an den Straßencafés vorbei zur Place Jerusalem. Sie befinden sich hier im ehemaligen Judenviertel. Gleich nach der Bushaltestelle sehen Sie rechterhand die Synagoge.

Tipp: An der Place Carnot 13, im Restaurant Le Gallia, haben Sie freies WLAN

Synagoge von Avignon

Der rechteckige Bau mit Kuppel wurde von 1785 bis 1787 anstelle einer älteren Synagoge errichtet. Nachdem das Gebäude 1845 einem Brand zum Opfer gefallen war, wurde es unter der Leitung des Architekten Joseph-Auguste Joffroy umgehend wiederaufgebaut und bereits am 20. Mai 1849 geweiht. Die Synagoge besitzt mehrere Gemeinderäume, ein rituelles Bad (Mikwe), eine Metzgerei zum Schächten, eine koschere Bäckerei und einen Trausaal.

So gehen Sie weiter: An der Synagoge vorbei etwa 100 Meter geradeaus bis

Place Pie und die Markthallen von Avignon

Dies ist der Platz, an dem sich die Einheimischen treffen, um in einem der Straßencafés ein Glas Wein zu trinken und zu plauschen. Hier ist es authentischer, und man bezahlt weniger als auf der Place de l'Horloge. An der Place Pie befinden sich außerdem ‚Les

Halles' - die Markthallen von Avignon und finden immer wieder Flohmärkte statt.

Bereits im 17. Jahrhundert wurde an der Place Pie Markt gehalten. Die heutige Halle besteht seit 1974. Schon die von Ranken und Pflanzen bewachsene ‚grüne Fassade' des Gebäudes, vertikaler Garten genannt, ist spektakulär! Im Inneren fällt als erstes auf, wie sauber es hier im Vergleich zu anderen südländischen Markthallen ist. Etwa vierzig Händler verkaufen Fisch und Meeresfrüchte, Fleisch, Obst und Gemüse. Vieles kann man an Ort und Stelle in kleinen Portionen kosten. Käse, Kräuter, Olivenöl, Weine aus der Region und andere kulinarische Spezialitäten der Provence bieten sich als Souvenirs an.

Leider sind die Hallen nur vormittags ab 7 Uhr geöffnet. Montags bleiben sie ganz geschlossen. Vermutlich erreichen Sie mit unserem Rundgang die Place Pie erst am Nachmittag und können dann in einer der Bars ein leichtes Glas Weißwein genießen. Sollten Sie aber noch länger in Avignon bleiben, lohnt es sich, einmal in den Morgenstunden vorbeizuschauen und einzukaufen.

So gehen Sie weiter: Vom Platz aus rechts oder links an den Hallen vorbei, hinter den Hallen links auf die Rue de la Bonneterie und geradeaus weiter (etwa 300 Meter) bis zur Tuchfärbergasse

Rue de Teinturiers - Tuchfärbergasse

Der ‚Canal de Vaucluse‘ der in ‚La Croupière‘ seinen Beginn hat, teilt sich vor Avignon in zwei Läufe. An der Stadtmauer beim Limbert-Tor tritt er ein und ist ab hier in ein komplexes, elf Kilometer langes Kanalsystem eingebunden, das einst der Bewässerung der Ackerflächen von Montfavet und der Versorgung der Stadtgräben diente. Im Mittelalter wurde dies

Die Färbergasse

es Kanalsystem von den Flüssen Durance und Sorgue gespeist. Deshalb nennen die Einwohner von Avignon den ‚Canal de Vaucluse‘ noch heute „la Sorgue" oder „Sorguette".

Im Stadtgebiet verlaufen große Teile des Kanals unterirdisch und sind somit nicht sichtbar. Anders hier in der in der Rue des Teinturiers, dem einstigen Tuchfärberviertel. Fotografen werden die angeblich schönste Straße der Stadt lieben, denn hier bieten sich viele schöne Motive. Entlang des Kanals reihen sich gemütliche Bars aneinander, spenden große Platanen Schatten, halten aparte Skulpturen Autos vom Parken ab und findet man noch die kleinen Hausmühlen mit ihren klobigen Wasserrädern, die eins von der ‚Sorguette‘ betrieben wurden. Ein würdiger Ausklang unseres Rundgangs, wie wir finden …

Die Kapelle ‚Pénitents Gris‘ (Graue Büßer)

an der man vorbeikommt, ist ausschließlich während der liturgischen Dienste geöffnet. Sie befindet sich auf dem Gelände des ehemaligen Sainte-Croix-Oratoriums, war also die Hauskapelle eines Klosters. Von der Rue des Teinturiers aus sieht man nur den Eingang.

Der gesamte Komplex weist architektonische Merkmale aus vier Jahrhunderten auf. Erbaut wurde ‚Pénitents Gris' im 16. Jahrhundert, letzte Umbauten fanden im 19. Jahrhundert statt. Das Eingangsvestibül mit seiner verkleideten Decke stammt aus dem Jahr 1631, der sechseckige Raum, der dahinter liegt, ist älter, er wurde im späten 16. Jahrhundert erbaut. Die Kathedrale Notre-Dame-de-Délivrance entstand in den Jahren 1708-1709, und auch die ‚Winzerkapelle' kam im 18. Jahrhundert hinzu. Im Primärschiff, auch Wunderschiff genannt, finden die liturgischen Dienste statt. Es wurde in den Jahren 1816 bis 1818 noch einmal tiefgreifend umgebaut. Die Buntglasfenster stammen ebenfalls aus dem 19. Jahrhundert. Der Glockenturm ist heute verfallen. Gleich wenn man die Rue Teinturiers betritt, sieht man Kirche und Turm rechts hinter einer Brücke.

So gehen Sie weiter: Die Rue des Teinturiers stößt auf den Boulevard Limbert. Dort rechts und nun immer an der Stadtmauer entlang. Es sind noch 900 Meter bis zum (Bus-) Bahnhof. Am besten, Sie gehen außerhalb der Stadtmauer, auf dieser Seite wirkt die Straße heller und freundlicher.

Die Stadtmauer

Gemeinsam mit der Saint-Bénezet-Brücke wurde der erste Mauerring im 12. Jahrhundert aus ‚molasse burdigalienne' angelegt, einem Kalkstein, der in der Umgebung Avignons reichlich vorkommt. Da sich die Stadt immer weiter ausdehnte, musste auch die Mauer mehrmals erweitert werden, bis sie schließlich eine Länge von 4300 Metern erreichte. Mit ihren 39 Haupttoren und sieben Türmen zählt sie heute zu den am besten erhaltenen Stadtmauern Europas. Sie umgibt die Altstadt fast vollständig, nur im Norden wird sie vom Felsen ‚Rocher des Doms' ergänzt, der dort als natürlicher Schutzwall beste Dienste leistete.

Bei der Belagerung von Avignon im Jahr 1226 durch Ludwig VIII., der den Beinamen ‚Ludwig der Löwe' trug, wurde der ursprüngliche Mauerring zum großen Teil zerstört. Um Palast und Bevölkerung vor weiteren Angriffen und Hochwasser zu schützen, ließ Papst Clemens VI. im Jahr 1348 auf den Resten der alten Mauer einen neun Mauerring errichten und zusätzlich Wassergräben anlegen.

Im Jahr 1856 richteten Überschwemmungen großen Schaden an der Stadtmauer an. Eugène Viollet-le-Duc, ein französischer Architekt, Denkmalpfleger und Kunsthistoriker, nahm 1860 die Restaurierung in Angriff. Er ließ die Mauer zum Schutz gegen Hochwasser verstärken, das Stadttor Porte de la République am Bahnhof durch die beiden Türme ergänzen und weitere Tore in den Mauerring einfügen, damit Avignon dem ständig wachsenden Verkehrsaufkommen gerecht werden konnte.

Vor der Mauer befand sich als zusätzlicher Schutz ursprünglich ein von den Flüssen Sorgue und Durançole versorgter vier Meter tiefer Graben. Heute befinden sich auf dem inzwischen zugeschütteten Graben die Ringstraße und Parkplätze.

Enge, verwinkelte Gassen in der Altstadt

Museen und andere Attraktionen

Die Altstadt von Avignon haben Sie auf unserem Rundgang zum großen Teil bereits kennengelernt. Sollten Sie das Glück haben, länger als nur einen Tag in der Stadt bleiben zu können, bieten sich diverse Museumsbesuche und Ausflüge an.

Tipp: Gehen Sie in den frühen Morgenstunden zum überdachten Markt 'Les Halles' an der Place Pie, um dort frisches Obst und andere Leckereien einzukaufen.

Les Halles

Veranstaltungen im Papstpalast

Das ganze Jahr über werden im Papstpalast thematische und pädagogische Ausstellungen gezeigt und finden Feste, Konzerte und andere kulturelle Veranstaltungen statt. Am bekanntesten ist wohl das Festival d'Avignon, das Ende der 40-er Jahre von Jean Vilar in die Welt gerufen wurde - alljährlich im Juli in den Cours d'Honneur (Ehrenhöfe).

Tipp: Im Fremdenverkehrsbüro liegen Flyer aus und wird man Sie gerne beraten.

Parc des Expositions

Das Kongresszentrum von Avignon liegt vor den Toren der Stadt. Auf einer Fläche von 27.500 Quadratmetern werden nicht nur wichtige Konferenzen, sondern auch Großveranstaltungen wie Konzerte, Sportveranstaltungen, Verkaufsmessen, Antiquitätenmärkte, Kunstausstellungen, Zirkusvorstellungen und mehr abgehalten. Informieren Sie sich gegebenenfalls auf der offiziellen Website des Parc des Expositions darüber, welche Veranstaltungen während Ihres Besuchs stattfinden, oder erkundigen Sie sich bei der Touristeninfo.

Der Parc des Expositions befindet sich direkt am Flughafen. Sie erreichen ihn vom Hauptbahnhof aus mit dem TGV in 15 Minuten.

Adresse: Parc des expositions, Chemin des Felons, 84140 Avignon Sud / Telefon: +33 4 90 84 02 04

Museen

Petit Palais -

hier werden Gemälden und Skulpturen vom Mittelalter bis zur Renaissance ausgestellt. Mehr dazu siehe Rundgang.

Adresse: Place du Palais des Papes

Musée Calvet –

das Museum' der schönen Künste und der Archäologie' gehört zu den wichtigsten französischen Museen. Zu sehen sind Werke aus den Bereichen Kunstgewerbe, Archäologie und Ethnologie. Es befindet sich im Hôtel Villeneuve-Martignan.

Adresse: 65 Rue Joseph Vernet
Eine sehr ausführliche Webseite gibt Auskunft über alle Fragen.

Collection Lambert –

das zeitgenössische Museum Collection Lambert wurde 2000 eröffnet. Es befindet sich in den Patrizierhäusern Hôtel de Caumont und Hôtel de Montfaucon und entstand aus einer Schenkung des Kunsthändlers und –sammlers Yvon Lambert, dessen Namen es auch trägt. Gezeigt wird zeitgenössische Kunst u.a. von Robert Ryman, Brice Marden, Sol LeWitt, Douglas Gordon, Jean-Michel Basquiat, Anselm Kiefer, Niele Toroni oder Andres Serrano. Es finden auch regelmäßig Wechselausstellungen mit Werken aktueller Künstler statt.

Adresse: 5, rue Violette

Musée Requien –

das Museum Requien befindet sich im Hôtel Raphélis de Soissans und bietet zwei Dauerausstellungen an – ‚Eintauchen in die Zeit‘ und ‚Fauna des Vaucluses‘. Hier werden Relikte aus der Botanik, Versteinerungen und einheimische ausgestopfte Tiere gezeigt. Interessant auch eine Ausstellung über Bienen. Außerdem verfügt das Museum über eine Bibliothek mit mehr als 18.000 Büchern und etwa 100 wissenschaftlichen Zeitschriften, die man einsehen kann.

Adresse: 67, rue Joseph Vernet

Musée lapidaire –

das Museum ist in der Kapelle eines Jesuitenklosters untergebracht. Es werden Skulpturen aus dem Mittelalter und der gallorömischen Zeit gezeigt, sowie ägyptische, griechische und etruskische Sammlungen, die vom Calvet Museum übernommen wurden (siehe Rundgang).

Adresse: 27, rue de la République

Musée de l'Œuvre –

das Museum im Palais des Papes widmet sich der Entstehung und Geschichte des Gebäudes.

Adresse: Place du Palais

Musée Louis Vouland –

das Museum Louis Vouland, das sich im Hôtel de Villeneuve-Esclapon befindet, stellt hauptsächlich Kunstgewerbe des 17. und 18. Jahrhunderts aus.

Adresse: 17, rue Victor-Hugo

Stiftung Angladon-Dubrujeaud –

zeigt Kunstwerke u.a. von Van Gogh, Cézanne, Degas, Vuillard oder Daumier, die Ende des 19. Jahrhunderts und Anfang des 20. Jahrhunderts entstanden. Es befindet sich im Hôtel de Massilian, im Herzen der Stadt.

Adresse: 5, rue Laboureur

Maison Jean Vilar –

dieses Museum und Dokumentationszentrum befindet sich im Hôtel de Crochans, einem Gebäude aus dem 14. Jahrhundert. Es ist dem Wirken von Jean Vilar, dem Gründer des Theaterfestivals von Avignon, gewidmet.

Adresse: 8, rue de Mons - Montée Paul-Puaux

Opernhäuser und Theater

Galerie Ducastel (rechts)

Die Theaterkultur von Avignon hat eine jahrhundertelange Tradition. Das weltberühmte ‚Festival von Avignon' wurde 1947 von Jean Vilar gegründet und gilt u.a. als Wiege des choreographischen Balletttheaters. Im Jahr 2000 war Avignon Kulturhauptstadt Europas. Wenn Sie sich für Theater interessieren, sind Sie hier also richtig! Erkundigen Sie sich auf den Webseiten der Theater oder bei der Touristeninformation von Avignon nach den aktuellen Programmen.

Hier die wichtigsten Theater der Stadt:

Opéra-théâtre d'Avignon
Adresse: 1, rue Racine
Webseite: www.mairie-avignon.fr

Théâtre des Carmes
Adresse: 6, Place des Carmes

Théâtre du Chêne Noir
Adresse: 8, bis rue Sainte-Catherine

Théâtre de l'Escalier des Doms
Adresse: 1, bis rue des Escaliers Sainte-Anne

Théâtre des Halles
Adresse: Rue du Roi René

Ausflüge in die Umgebung

Châteauneuf-du-Pape

Die Gemeinde Châteauneuf-du-Pape hat nur etwas mehr als zweitausend Einwohner. Sie liegt keine zwanzig Kilometer nördlich von Avignon und nur zwei Kilometer von der Rhône entfernt zu Füßen der Ruine der Burg, in der die Päpste ihre Sommer verbrachten. Es ist ein kleines, beschauliches Städtchen, sehr malerisch, das natürlich vollkommen unter dem Zeichen des Weines steht.

Der Ort, der im Jahr 908 per Schenkung in den Besitz des Bischofs von Avignons überging, wurde im Jahr 1094 als castro novo erstmals urkundlich erwähnt. 1213 erhielt er den Namen Châteauneuf Calcernier, was sich auf die bedeutende Kalkproduktion dieser Gegend bezog. Erst seit 1893 ist die offizielle Bezeichnung des Ortes Châteauneuf-du-Pape.

Papst Johannes XXII. begann 1318 mit den Bauarbeiten an seiner Sommerresidenz in Châteauneuf, die fünfzehn Jahre dauerten. In den Religionskriegen des 16. Jahrhunderts wurde das Schloss zerstört, je-

doch durch die Erzbischöfe von Avignon wiederaufgebaut und in der Folgezeit mehrmals restauriert, bis
sie im 18. Jahrhundert das Interesse an diesem
Schloss verloren.

Heute ist Châteauneuf-du-Pape vor allem als Wein-
baugebiet bekannt, das den Status einer eigenstän-
digen Appellation hat und in guten Jahren große
Weine hervorbringt. Bereits 500 n. Chr. erwähnte
Georgius Florentius, Bischof von Tours, den Wein
von Avignon. Papst Johannes XXII. ließ bei seiner
Sommerresidenz einen eigenen Weinberg anlegen.
Die Päpste von Avignon bevorzugten jedoch den
Wein aus Beaune.

Hauptplatz in Châteauneuf-du-Pape

Salon de Provence

Diese kleine Stadt liegt eine knappe Autostunde von Avignon entfernt. In der liebevoll renovierten Altstadt lässt sich schick shoppen. Man kann das Château de l'Empéri mit seinem mittelalterlichen Wohn- und Wehrturm (Donjon) oder das Wohnhaus von Nostradamus besichtigen, der die letzten zwanzig Jahre seines Lebens in Salon verbrachte.

Ein Besuch in Salon de Provence ist gut zu verbinden mit einem Ausflug zum Zoo und der Besichtigung von Château de la Barben.

Château de la Barben

In der Nähe des Zoos befindet sich das Schloss der Barben (Château de la Barben). Die ehemalige Festung aus dem 11. Jahrhundert ist einen Abstecher wert. Während der französischen Revolution wurde sie fast völlig zerstört, jedoch im 19. Jahrhundert wiederaufgebaut. Der Turm der Kapelle und ein Dutzend Zimmer sind komplett eingerichtet.

Zu besichtigen ist das Schloss im Zuge einer Führung, die etwa eine Stunde dauert. Man erfährt etwas über die Geschichte der Provence, die Architektur und das Leben der Menschen, die im Château de la Barben lebten und ein und aus gingen.

Adresse: 2376 Route du Château, 13330 La Barben

Tipp: Hier gibt es auch einen Zoo (siehe weiter unten im Artikel ‚Avignon mit Kindern‘).

Pont du Gard

Etwa 26 Kilometer westlich von Avignon, erreichbar auf der N100, liegt der ‚Pont du Gard‘. Brücke und Aquädukt führen über den Gardon. Sie stammen aus gallorömischer Zeit, wurden im 1. Jahrhundert nach Christus erbaut und nach einer Bauzeit von fünfzehn Jahren fertiggestellt. Der Pont du Gard misst 49 Meter in der Höhe und verfügt über drei Etagen. Er gilt als antikes Meisterwerk der Baukunst und zählt zu den besterhaltenen antiken Bauwerken überhaupt. Seit 1985 gehört er zum UNESCO-Weltkulturerbe und gilt als Wahrzeichen der Region.

Das Gelände bietet zahlreiche Annehmlichkeiten. Man kann spazieren gehen, im Gardon baden oder Kanu fahren. In den multimedialen Ausstellungsräumen erfährt man Interessantes zur Geschichte und

Entstehung der Brücke. Das ganze Jahr hindurch finden Veranstaltungs- und Kulturprogramme mit Ton-, Licht- und Pyrotechnik-Shows statt, oder man kann Konzerte erleben.

Ganzjährig geöffnet.
Mai bis September: 7.30 Uhr bis 0.00 Uhr
März, April und Oktober: 8.00 Uhr bis 20.00 Uhr
November bis Februar: 8.30 Uhr bis 19.00 Uhr

Avignon mit Kindern

Ferris Wheel in Avignon – Das Riesenrad

Es steht während der Sommermonate (in der Regel von Juni bis August) am Rhône-Ufer. Zwar bezahlt man einen stolzen Preis für die Fahrt, aber man hat einen wunderbaren Ausblick auf Avignon. Für Kinder ein Erlebnis – und man kann tolle Fotos machen!

Musée Requien

ein kleines naturhistorisches Regional-Museum. Hier werden Relikte aus der Botanik, Versteinerungen und einheimische ausgestopfte Tiere gezeigt. Interessant auch eine Ausstellung über Bienen.

Eintritt frei. Adresse: 67 Rue Joseph Vernet, 84000 Avignon / Tel.: +33 4 90 82 43 51

Zoologischer Garten - Parc de la Barben

Ist man mit Kindern unterwegs, bietet ein Zoobesuch immer eine willkommene Abwechslung. Der Parc de la Barben ist der größte Tierpark der Region, in dem es 600 Tiere aus fünf Kontinenten zu bestaunen gibt. Zudem gibt es auch einen Spielplatz und einen Picknick-Platz.

Der Park liegt südöstlich von Avignon in 70 Kilometern Entfernung.

Adresse: Route du Château 13330 La Barben
Tel.: +33 (0)4 90 55 19 12

Krokodilgarten

Der Krokodilgarten ‚La Ferme aux Crocodiles' liegt 60 Kilometer nördlich von Avignon. Zu sehen sind Krokodile, Schildkröten, Schlangen, Vögel und Pflanzen. Angeschlossen sind ein Spielplatz und ein kleines Infozentrum.

Öffnungszeiten März bis Oktober: 10:00 –18:00 Uhr / November 10:00 –17:00 Uhr
Adresse: 395 Allée de Beauplan, 26700 Pierrelatte,
Telefon: +33 4 75 04 33 73

Infos, wichtige Adressen und mehr

Touristenauskunft in Avignon

Adresse: 41, Cours Jean Jaurès, BP 8, 84000 Avignon
Tel.: +33(0)432 74 32 74 / Fax.: +33(0)4 90 82 95 03
E-Mail: officetourisme@avignon-tourisme.com

Öffnungszeiten:
April bis Oktober wochentags 9:00 – 18:00 Uhr.
An Sonn- und Feiertagen von 10:00 – 17:00 Uhr.
Im Juli ohne Ausnahme von 9:00 – 19:00 Uhr.
November bis März schließt die Touristeninfo samstags um 17 Uhr, sonntags um 12 Uhr.
Am 25. Dezember und am 1. Januar geschlossen.

Anreise

Anreise mit dem Schiff

An den Hafenanlagen legen die Rhône-Kreuzfahrt- und Ausflugsschiffe an. Sollten Sie mit einem dieser Schiffe ankommen, gehen Sie nach Verlassen des Schiffes rechts bis zum Ende des Parkplatzes. Dort überqueren Sie am Zebrastreifen den Boulevard und betreten die Altstadt auf der Rue Victor Hugo. Nach gut 100 Metern überqueren Sie eine Kreuzung und stoßen nach weiteren 100 Metern auf die Rue Joseph Vernet. Hier rechts. Bleiben Sie auf dieser Straße und halten Sie sich an der Gabelung links. Nach 400 Metern kommen Sie wieder auf eine Kreuzung. Hier sehen Sie links eine Apotheke, rechts ein Café und schräg rechts gegenüber die Touristeninfo. Dort können Sie sich einen kostenlosen Stadtplan besorgen. Um mit unserem Rundgang zu beginnen, rufen Sie hier den Artikel ‚Temple Saint Martial' auf und folgen Sie der Beschreibung.

Zurück zum Anleger: Am Ende des Rundgangs gehen Sie einfach am City-Bahnhof vorbei und weiter bis zur Rhône. Dort rechts zum Schiff!

Anreise mit dem Zug

Die Bezeichnung TGV steht in Frankreich für Hochgeschwindigkeitszüge (Trains à Grande Vitesse). Der TGV-Bahnhof von Avignon ist also ein Bahnhof für Hochgeschwindigkeitszüge. Er wurde erst in diesem Jahrhundert, nämlich am 10. Juni 2001, an einer Schnellfahrstrecke eröffnet. Aber nicht nur Fernzüge aus Paris, Lille, Lyon, Genf oder Brüssel steuern diesen Bahnhof im Süden Avignons an, auch Linienbusse und Autofahrer. Für Autofahrer ist er interessant, weil es im Bahnhofsbereich zahllose Parkplätze gibt. Achtung Camper: Diese Parkplätze sind mit Höhenbeschränkung!

Vom TGV-Bahnhof hat man verschiedene Möglichkeiten, um zur vier Kilometer entfernten Altstadt zu gelangen.

•Man steigt um und fährt mit einem Regionalzug (TER) weiter zum ‚Bahnhof Avignon-Centre‘.

•Man nimmt den Bus (TGV-Navette), der regelmäßig zwischen dem TGV-Bahnhof und der Altstadt pendelt, und steigt am Busbahnhof aus. Er liegt dem Bahnhof Avignon-Centre gegenüber, direkt an der Post.

Adresse: Busbahnhof / Avignon Poste / Cours du Président Kennedy.

Anreise mit dem Bus

Man kommt am Busbahnhof von Avignon an, der gegenüber dem Altstadtbahnhof ‚Bahnhof Avignon-Centre‘ liegt. Wie Sie von da aus in unseren Rundgang einsteigen, wird am Beginn des Artikels ‚Rundgang‘ erklärt.

Wo private Busse ihre Fahrgäste aussteigen lassen, ist von Fall zu Fall verschieden. Fragen Sie den Busfahrer!

Anreise mit dem Flugzeug

Der Flughafen Avignon-Caumont liegt südwestlich des Stadtzentrums. Er wird allerdings nicht von Deutschland, Österreich oder der Schweiz angeflogen. Der nächste internationale Flughafen ist Montpellier. Bahn-Anbindungen bestehen auch an den 80 Kilometer entfernten Flughafen Marseille. Flughafen Lyon ist 240 Kilometer entfernt. Von dort gibt es direkte TGV-Verbindungen nach Avignon. Man ist in etwa 90 Minuten am ‚Bahnhof Avignon-Centre‘. Wie Sie von da aus in unseren Rundgang einsteigen, erklären wir zu Beginn des Artikels ‚Rundgang‘.

Anreise mit dem Auto und Parken

Bevor ich etwas zur Anreise mit dem Auto schreibe, möchte ich Sie mit den Parkmöglichkeiten vertraut machen. Denn damit Sie die Stadt gezielt anfahren können, ist es wichtig, sich vorab mit den Parkmöglichkeiten auseinanderzusetzen.

Parkplätze für PKW

Das sollten Sie wissen: Mit dem Auto in die Altstadt fahren sollte man nur, wenn man dort einen Hotelparkplatz ansteuert. Die Gassen sind äußerst schmal und die Verkehrsführung für Menschen, die nicht ortskundig sind, nur schwer zu bewältigen. Langzeitparkplätze gibt es im Altstadtgebiet, das großteils Fußgängerzone oder nur für Anlieger freigegeben ist, ohnehin nicht. Dort zu parken ist auch nicht zu empfehlen, denn die Parkzeiten sind kurz, und es ist teuer. Falls Sie aber doch einmal einen Kurzzeitparkplatz benötigen, müssen Sie die Farbstreifen am Bordsteinrand beachten.

- Ein gelber unterbrochener Streifen bedeutet Parkverbot!
- Durchgezogene gelbe Streifen bedeuten Halte- und Parkverbot.
- Blaue Markierungen weisen auf die sogenannten ‚Zones Bleues' hin. Hier darf nur begrenzt und meist kostenpflichtig geparkt werden.
- Parken und Halten unter Brücken sowie in Tunnels oder Unterführungen ist grundsätzlich verboten.

Wer es dennoch tut, muss damit rechnen, abgeschleppt zu werden oder eine Parkkralle zu erhalten. Zusätzlich wird ein Bußgeld berechnet.

Avignon bietet neben sieben gebührenpflichtigen überwachten Parkplätzen auch zwei kostenlose Park-and-ride-Parkplätze mit einer Kapazität von zusammen 1200 Plätzen an, von denen kostenlose Pendelbusse ins Zentrum der Stadt fahren. Doch auch am Rand der Altstadt stehen einige Parkanlagen zur Verfügung. Selbst der Papstpalast verfügt über ein eigenes Parkhaus mit 850 Plätzen, das 24 Stunden geöffnet ist. Ein Tagesticket auf solchen Parkplätzen bzw. in Parkhäusern kostet zwischen 11.- und 25.- Euro. Parkhäuser haben den Vorteil, dass Ihr Auto dort relativ sicher untergebracht ist.

Parken auf der Rhône-Insel

Es gibt drei Parkplätze auf der Rhône-Insel (Île de la Barthelasse). Den ‚Parkplatz Gratuit‘, den Parkplatz ‚Allée Antoine Pinay‘ und den Parkplatz ‚Relais de l'île Piot‘. Hier finden Sie auf jeden Fall einen Parkplatz. Man erreicht diese Parkplätze über die Pont Edouard Daladier - das ist die ‚Nachbarbrücke‘ des ‚Pont d'Avignon‘. Sie führt geradewegs vom Zentrum der Altstadt weg- oder darauf zu.

Relais de l'île Piot

Diesen Parkplatz kann man empfehlen. Er ist der größte der Insel-Parkplätze, verfügt über 650 Plätze, ist kostenlos und täglich geöffnet. Bewacht ist er von Montag bis Freitag ab 7.30 bis 20.30 Uhr, Samstag ab 13.30 bis 20.30 Uhr. Ein kostenloser Shuttle-Bus fährt im Juli und August alle fünf Minuten zur Altstadt. Er stoppt am Ende der Brücke an der Stadtmauer. Von hier gehen Sie am besten zum ‚Pont d'Avignon' (mit der Stadtmauer im Rücken nach rechts), um mit unserem Rundgang zu beginnen. Der Parkplatz liegt genau zwischen den beiden neuen Brücken, die von der Altstadt auf die Rhône-Insel und weiter zum anderen Ufer führen. Wenn Sie also auf eine der Brücken aufgefahren sind, müssen Sie gleich wieder abfahren und sich richtungsmäßig zur anderen Brücke hin orientieren. Der Parkplatz liegt an der Westseite der Insel, ist unbeschattet und daran gut zu erkennen.

Adresse des Parkplatzes: Route de l'Islon
Achtung: Der Parkplatz ist höhenbeschränkt!

Mairie d'Avignon - Allée Antoine Pinay

Dieser Parkplatz ist kostenlos und kameraüberwacht. Zudem sind dort oft Fußgänger unterwegs, das erhöht die Sicherheit ein wenig. Für Camper ist er nicht geeignet, denn es wird schräg geparkt.

Adresse Für Ihr Navi: Allée Antoine Pinay

Von hier gehen Sie über die Brücke zur Altstadt, überqueren die Straße am Zebrastreifen und biegen links ab zum 'Pont d'Avignon'. Dort in unseren Rundgang einsteigen.

Parkplatz Gratuit

Der Parkplatz ist nicht höhenbeschränkt, liegt gleich neben der Brücke unter schattigen Bäumen – alles wäre also gut, doch leider ist er nicht bewacht. So bieten die schattigen Bäume auch Einbrechern guten Sichtschutz. Besser, Sie meiden diesen Parkplatz.

Weitere Parkplätze

Parking des Allées de l'Oulle – Parkplatz am Altstadt-Rhône-Ufer

Dieser Parkplatz lieg direkt vor der Altstadt, beim Riesenrad zwischen dem kleinen Hafen und der Stadtmauer. Mit ein bisschen Glück kann man hier einen Parkplatz finden. Die Höchstparkdauer beträgt zwölf Stunden. Die ersten vier Stunden sind kostenlos. Danach werden für jede angebrochene Viertelstunde ein paar Cent berechnet. Die Tageskarte kostet also nur ein paar Euro. Sonntags und an gesetzlichen Feiertagen ist das Parken kostenlos. Der Platz wird mit Kameras überwacht. Höhenbeschränkung 1,90 Meter.

Das Riesenrad steht in den Sommermonaten auf dem Parkplatz Allées de l'Oulle

Sollten Sie auf diesem Parkplatz parken, gehen Sie mit dem Fluss im Rücken nach rechts bis zum Ende. Dort überqueren Sie am Zebrastreifen den Boulevard und betreten die Altstadt auf der Rue Victor

Hugo. Sie überqueren eine Kreuzung und stoßen nach etwa 100 Metern auf die Rue Joseph Vernet. Hier rechts. Bleiben Sie auf dieser Straße und halten Sie sich an der Gabelung links.

Nach 400 Metern kommen Sie auf eine Kreuzung. Hier ist links eine Apotheke, rechts ein Café und schräg rechts auf der Rue Henri Fabre sehen Sie die Touristeninfo. Dort können Sie sich einen kostenlosen Stadtplan und eventuell Flyer besorgen. Um mit unserem Rundgang zu beginnen, rufen Sie den Artikel ‚Temple Saint Martial' auf und folgen Sie der Beschreibung.

Am Ende des Rundgangs gehen Sie einfach am Bahnhof vorbei und weiter bis zur Rhône. Dort rechts zum Parkplatz zurück.

Palais des Papes - Tiefgarage mit 825 Parkplätzen

Das Tagesticket kostet etwa 20 Euro. Achtung: Es geht eng zu, und natürlich ist das Parkhaus wie alle Tiefgaragen höhenbeschränkt!

Adresse für Ihr Navi: 7 Rue Ferruce

Wenn Sie hier parken, beginnen Sie den Rundgang mit der ‚Pont d'Avignon'. Danach folgen Sie den Wegweisern zum Papstpalast. Dort steigen Sie in unseren Rundgang ein.

Parking Gare d'Avignon Centre

Parkplätze im Freien rund um den Bahnhof auf dem Boulevard Saint-Roch.

Mairie d'Avignon – Ein Parkplatz im Bahnhofsgebiet

Dieser Parkplatz ist kostenlos, aber nicht bewacht und deshalb auch nicht wirklich zu empfehlen. 900 Meter bis Bahnhofsvorplatz.

Adresse: Avenue de la Foire

So gehen Sie weiter: Vom Parkplatz aus Richtung Westen zur Unterführung. Dort rechts unter den Gleisen durch, gleich danach rechts, nächste links, die Straße am Zebrastreifen überqueren und rechts weitergehen. Am Bahnhofsvorplatz links auf Cours Jean Jaurès abbiegen – hier beginnt unser Rundgang.

Le GALECE-Leclerc – Parkplatz im Bahnhofsgebiet

Auch dieser Parkplatz ist kostenlos aber nicht bewacht und deshalb auch nicht wirklich zu empfehlen. Keine Höhenbeschränkung. 900 Meter bis Bahnhofsvorplatz. Adresse für Ihr Navi: 10 Avenue Eisenhower

Vom Parkplatz aus gehen Sie Richtung Norden, dann unter den Gleisen durch, gleich danach rechts, nächste links, die Straße am Zebrastreifen überqueren und rechts weitergehen. Am Bahnhofsvorplatz links auf Cours Jean Jaurès abbiegen – hier beginnt unser Rundgang.

Parken, Camping- und Stellplätze für Campingfahrzeuge

Hier die schlechte Nachricht: Fast alle öffentlichen Parkplätze, selbst die P&R-Parkplätze, sind in Avignon höhenbeschränkt! Wie weiter oben bereits angemerkt, ist in Avignon die Kriminalitätsrate sehr hoch. Hier ein Wohnmobil auf einem unbewachten Parkplatz abzustellen, ist fast schon eine Aufforderung zum Einbruch. Auch die offiziellen Stellplätze sind leider nicht wirklich sicher. Am besten, man fährt einen der Municipal-Campingplätze an, die zwar einfach aber recht sicher sind und nicht viel kosten.

Auf der Île de la Barthelasse gibt es mehrere Camping- und auch Stellplätze. Man erreicht sie über den Pont Edouard Daladier, das ist die Brücke, die geradewegs von der Mitte der Altstadt weg- bzw. auf sie zuführt. Von dort ist man zu Fuß, mit der Fähre oder dem Rad schnell im Zentrum.

Tipp: Über die Brücke führt ein sicherer Fahrradweg, und man hat von ihr einen schönen Ausblick auf die Altstadt. Bis zum Papstpalast 1,4 Kilometer.

Camping Bagatelle

Er ist der erste von drei Campingplätzen und liegt direkt neben dem Pont Edouard Daladier und gegenüber der Altstadt auf zwei Geländestufen mit dichtem Laubbaumbestand. Die Standplätze sind meist durch Hecken getrennt. Teilweise laut. Ganzjährig geöffnet. Behindertengerecht, Haustiere erlaubt.

Adresse: 25, allées Antoine Pinay - Île de la Barthelasse, Tel. +33490863039, +33613951405

GPS-Koordinaten: Breitengrad 43° 57' 9" N (43.952600) / Längengrad 4° 47' 57" E (4.799420)

Stellplatz

Hinter dem Campingplatz, getrennt durch eine kleine Straße (Chemin de la Barthelasse), liegt ein relativ großer Stellplatz. Der erste Tag ist kostenlos, man kann also gut dort parken. Leider gilt auch er nicht wirklich als sicher.

So kommen Sie hin: Aus Richtung Altstadt fährt man auf den Pont Edouard Daladier und biegt die erste rechts ab. Danach noch zweimal rechts – der Platz liegt links.

Fährt man vom Westen her auf die Brücke, also auf die Altstadt zu, nimmt man die erste links, dann rechts und nochmal rechts.

Vom Stellplatz zum Zentrum: Über den Pont Edouard Daladier sind es zum Papstpalast zu Fuß etwa 1000 Meter. Oder Sie gehen auf der kleinen Straße ‚Chemin de la Barthelasse' Richtung Norden und biegen am Ende des Campingplatzes rechts zur kostenlosen Fähre ab. Am anderen Ufer rechts zur ‚Pont d'Avignon, wo Sie mit unserem Rundgang beginnen.

Camping und Stellplatz Du Pont d'Avignon

Er ist der zweite Campingplatz auf der Rhôneinsel Barthelasse. Er liegt direkt gegenüber dem Pont d'Avignon und nicht weit von der kostenlosen Fähre entfernt. Während der Hauptsaison gibt es zudem einen kostenlosen Shuttle-Bus nach Avignon.

Es ist ein angenehmer und kostengünstiger Campingplatz. Behindertengerecht, Wasser und Abwasserentsorgung, Strom, Müllentsorgung, Brötchenservice und Restaurant vor Ort. Haustiere sind erlaubt, es gibt sogar eine Bademöglichkeit für Hunde.

Adresse: 10 Chemin de la Barthelasse
Tel: +33 4 90 80 63 50
GPS: N 43.95676, E 4.80140 / N 43°57'24", E 4°48'05"
(Site-Code: 24851)

Stellplatz vor dem Camping Du Pont d'Avignon

Auf dem kleinen Parkplatz vor der Einfahrt sind 8 Stellplätze für Reisemobile ausgewiesen.

Camping und Stellplatz L'Ile des Papes

Er hat vier Sterne und liegt auf einer zweiten Insel in der Rhône, die man über die Insel Barthelasse erreicht. Man fährt einfach an den ersten Campingplätzen vorbei und kommt wieder zu einer Brücke. Dieser Platz ist allerdings etwa 6 Kilometer vom Zentrum entfernt. Während der Hauptsaison gibt es einen Busservice nach Avignon, der bei Buchungen von mindestens einer Woche kostenlos ist.

Tipp: Wer bei ‚France Passion' Mitglied ist, finde auch in der Umgebung von Avignon schöne Übernachtungsplätze bei Winzern, auf Bauernhöfen usw.

Anfahrt nach Avignon

Reisen Sie auf der A7 oder im Norden auf der A9 an –

nehmen Sie am besten die Ausfahrt Avignon Nord. Sie fahren eine Weile an der Rhône entlang. Dort wo sich die Straße gabelt (Rocade Charles de Gaulle in Le Pontet) halten Sie sich rechts und bleiben direkt am Rhône-Ufer (D225). Das ist der ‚schönere' und gemütlichere Weg.

Sie fahren bereits an der Altstadt entlang. Sobald Sie links den großen Felsen sehen, langsam fahren! Gleich nach dem Felsen und noch vor dem Pont'd Avignon geht es links ab zur Parkgarage Papstpalast.

Wollen Sie zu den anderen Parkmöglichkeiten, fahren Sie weiter und unter dem Pont d'Avignon durch. Sie kommen zu einer zweiten Brücke - das ist die Brücke, über die Sie die Campingplätze oder die Inselparkplätze erreichen. Sie müssen sich an der Pont d'Avignon links einordnen, unter der Brücke durch und links abbiegen, um auf die Brücke zu kommen.

Wollen Sie zum ‚Parkplatz des Allées de l'Oulle' (am Schiffsanleger der Rundfahrt- und Kreuzfahrtschiffe), bleiben Sie äußerst rechts, und fahren unter der Brücke durch geradeaus bis zum Parkplatz. Versuchen Sie möglichst weit am Ende zu parken.

Haben Sie hier einen Parkplatz gefunden, gehen Sie wie folgt weiter:

Sie haben den Fluss im Rücken und die Stadtmauer vor sich? Gehen Sie nun nach rechts bis zum Ende des Parkplatzes. Dort überqueren Sie am Zebrastreifen den Boulevard und betreten die Altstadt auf der Rue Victor Hugo. Nach gut 100 Metern überqueren

Sie eine Kreuzung und stoßen nach weiteren 100 Metern auf die Rue Joseph Vernet. Hier rechts. Bleiben Sie auf dieser Straße und halten Sie sich an der Gabelung links. Nach 400 Metern kommen Sie wieder auf eine Kreuzung. Hier sehen Sie links eine Apotheke, rechts ein Café und schräg rechts gegenüber die Touristeninfo. Dort können Sie sich einen kostenlosen Stadtplan besorgen. Um mit unserem Rundgang zu beginnen, rufen Sie hier den Artikel ‚Temple Saint Martial' auf und folgen Sie der Beschreibung. Am Ende des Rundgangs gehen Sie einfach am City-Bahnhof vorbei und weiter bis zur Rhône. Dort rechts zum Parkplatz.

Kommen Sie auf der A9 aus Richtung Nîmes -

biegen Sie bei Fournes auf die R100 ab, dann weiter nach Avignon. Auf der R100 fahren Sie über den Pont de l'Europe in die Stadt. Am Ende der Brücke die rechte Abfahrt nehmen! Sie führt in einer Kehre zum Ufer hinunter und dann unter der Brücke durch. Dort gabelt sich die Straße. Um zum Parkplatz ‚Parking des Allées de l'Oulle' bei den Kreuzfahrtschiffen zu kommen, links weiterfahren. Um zu den Inselparkplätzen oder den Campingplätzen zu kommen, die rechte Gabelung nehmen und auf die nächste Brücke fahren.

Um zum ‚Bahnhof Avignon Centre‘ zu kommen, wo Sie an einem der Parkplätze/Parkhäuser in Bahnhofsnähe parken können bleiben Sie nach der Brücke auf der Straße, sie führt direkt zum Bahnhof (nach 300 Metern rechts). Wie Sie von da aus in unseren Rundgang einsteigen, erklären wir am Beginn des Artikels ‚Rundgang‘.

Autofahren in Frankreich

PKW dürfen Außerorts höchstens 90 km/h, auf Schnellstraßen 110 km/h, auf Autobahnen 130 km/h fahren. Für Fahranfänger, die den Führerschein noch keine drei Jahre besitzen, gilt: Auf Landstraßen höchstens 80 km/h, auf Schnellstraßen bis zu 100 km/h und auf Autobahnen nicht schneller als 110 km/h.

Auch Wohnmobile mit mehr als 3,5 Tonnen zulässigem Gesamtgewicht dürfen auf Landstraßen nicht schneller als 80 km/h, auf Schnellstraßen höchstens 100 km/h und auf Autobahnen höchstens 110 km/h fahren.

Dasselbe Limit gilt für alle Verkehrsteilnehmer bei starken Niederschlägen.

Bereits bei einer Überschreitung von 20 km/h droht ein hohes Bußgeld. Wer gar 50 km/h zu schnell fährt, muss mit einem Bußgeld ab 1500 Euro rechnen!

Die Promillegrenze liegt in Frankreich bei 0,5. Für Fahranfänger sind maximal 0,2 Promille Alkohol im Blut zulässig.

Achtung: Die Fahrerlaubnis ab 17 Jahren gilt in Frankreich nicht!

Auch Ablenkungen wie essen, herumkramen oder mit dem Handy telefonieren sind strafbar. Telefonieren über Freisprechanlage ist erlaubt. Jegliche Kopfhörer oder Ohrstöpsel sind jedoch verboten! Hier werden Strafen bis zu 100 Euro fällig. Auch Navis mit Radarwarner kommen teuer zu stehen, denn wird man damit erwischt, selbst wenn es nicht angeschaltet ist, bezahlt man ein Bußgeld von bis zu 1500 Euro. Verboten ist es auch, mit Flip-Flops zu fahren.

Französische Ampeln haben zusätzliche Lichtzeichen. An dem roten Kreuz auf der Rückseite der Ampel des Gegenverkehrs erkennt man, dass der Gegenverkehr gerade Rot hat. Steht Ihre Ampel auf Rot und hat einen gelb blinkenden Pfeil, bedeutet dies, dass man in die Richtung weiterfahren darf, in die der gelbe Pfeil zeigt. Aber aufgepasst, denn der Querverkehr hat Vorfahrt!

Bei Verkehrskontrollen müssen Sie vorzeigen können:
•einen Alko-Tester
•Zulassungsbescheinigung Teil I bzw. Fahrzeugschein im Original
•eine reflektierende Warnweste, die bei einem Unfall oder einer Panne vor dem Verlassen des Autos angezogen werden muss!

Autobahnen und Schnellstraßen sind in Frankreich mautpflichtig. Wie viel man bezahlen muss, hängt von der Strecke und der Größe des Fahrzeugs ab. Für Fahrzeuge über drei Meter Gesamthöhe (Wohnmobile) muss mehr bezahlt werden, manchmal mehr als das Doppelte. Abgerechnet wird an Mautstationen. Da besetzte Schalter aber immer seltener werden, sollte man zum Bezahlen eine Kreditkarte mitzuführen! Die Nutzung der mit >T < markierte Zahlstellen ist ausschließlich für Kunden des elektronischen Télépage-Systems möglich.

Achtung: Falls die Zahlung nicht möglich ist, drücken Sie den Hilfe-Knopf. Meldet sich niemand, bleiben Sie hartnäckig, und drücken Sie immer wieder!

Das müssen Sie bei einem Unfall beachten

• Im Notfall wählen Sie die 112.

• Die französische Polizei kommt gewöhnlich nur dann, wenn es Verletzte gibt. Haben Sie einen Unfall mit Blechschaden, ist ein Europäischer Unfallbericht hilfreich.

Wichtig: Notieren Sie sich unbedingt Kennzeichen, Name und Anschrift von Fahrer und Halter des oder der Unfallgegner, sowie deren Haftpflichtversicherungen und Versicherungsnummern. Die Versicherungsdaten entnehmen Sie bei französischen Fahrzeugen einer Plakette auf der Windschutzscheibe. Notieren Sie auch Name und Anschrift von Unfallzeugen und fotografieren Sie die Unfallstelle.

• Muss Ihr Fahrzeug abgeschleppt werden, müssen Sie einen Pannendienst rufen. Abschleppen durch ein privates Fahrzeug ist nicht erlaubt.

• Kommt man zu einer Unfallstelle, muss man auch in Frankreich anhalten, um Erste Hilfe zu leisten und die Unfallstelle mit einem Warndreieck zu sichern. Doch Achtung: Letzteres gilt nicht für einen Unfall auf der Autobahn! Hier ist das Herumlaufen auch auf dem Pannenstreifen nicht erlaubt, und damit auch das Aufstellen des Warndreiecks verboten!

Tanken

Bei Tankstellen, die zu großen Supermärkten gehören, ist das Tanken in Frankreich bis zu zehn Cent pro Liter günstiger als an Markentankstellen. Diesel ist in Frankreich grundsätzlich deutlich teurer. Im Reservekanister dürfen nicht mehr als zehn Liter Kraftstoff mitgeführt werden!

Achtung: Viele Tankstellen haben Tankautomaten, an denen man nur mit Kreditkarte bezahlen kann. Ausländische EC- oder Kreditkarten werden oft nicht akzeptiert.

Öffentliche Verkehrsmittel und Taxi

Informationen zum öffentlichen Nahverkehr in Avignon finden Sie hier: www.tcra.fr

Kostenlose Fahrpläne für Zug, Bus und U-Bahn erhalten Sie unter: www.mytransitguide.com/

Bus

Es gibt ein gut ausgebautes Busnetz in Avignon. Busse fahren ab ‚Gare Routiere' – so heißt ein Busbahnhof auf Französisch. In Avignon ist er bei der Post, gleich gegenüber dem Bahnhof ‚Avignon Central'. Das Ticket muss vor der Fahrt im Bus entwertet werden und gilt dann eine Stunde.

Für unseren Rundgang ist eine Busfahrt nur interessant, um sich eventuell den Fußweg vom Ende der Tuchfärbergasse bis zum Parkplatz am Bahnhof oder am Rhône-Ufer zu ersparen.

Taxi

Taxistände sind mit einem viereckigen blauen Schild markiert, darauf steht in Weiß TAXI. In Frankreich gibt es keine Standardfarbe für Taxis! Man erkennt ein freies Taxi an dem weiß erleuchteten Schild auf dem Dach. Ist das Taxi besetzt, leuchtet das Schild rot oder ist ganz ausgeschaltet. Sie können an einem Taxistand in ein freies Taxi einsteigen oder eines am Straßenrand stoppen, allerdings ist der Taxifahrer nicht zum Anhalten verpflichtet. In kleineren Städten, in denen es nicht so viele Taxis gibt, bestellt man es über die Taxizentrale.

Der Preis wird nach gefahrenen Kilometern oder nach Zeitaufwand berechnet, falls der Verkehr nur langsam vorankommt oder man im Stau steht. Der Mindestbetrag einer Taxifahrt beträgt rund 7.- €. Abends, nachts, an Wochenenden und ab der 4. Person werden Aufschläge berechnet. Auch ab dem 2. Gepäckstück über 5 kg wird ein Zuschlag fällig.

Der Taxifahrer muss Bargeld als Zahlungsmittel akzeptieren. Auch Kreditkartenzahlung ist bei vielen Taxis möglich. Nimmt der Fahrer keine Kreditkarten an, muss dies an der Fensterscheibe seines Wagens erkennbar gemacht sein. Ab 25 € steht dem Kunden ein Beleg zu, war die Fahrt günstiger, bitten Sie höflich darum. Ein Trinkgeld ist üblich, aber nur freiwillig, der Fahrer darf nicht darauf bestehen. Man gibt etwa zehn Prozent des Fahrpreises.

Hier können Sie vorab die Kosten für eine Taxifahrt berechnen: https://www.bettertaxi.de/taxirechner/avignon/

Die verschiedenen Taxiunternehmen von Avignon finden Sie hier: http://www.info-taxi.com/avignon-1926/

Miet-Fahrrad

Es gibt auch Verleihstationen für Fahrräder in Avignon – eine große mit etwa 20 Rädern, alle mit Gepäckkorb bestückt, findet man an der Place Pie. Eine weitere an der Stadtmauer am Boulevard St. Michel.

Avignon mit der Kutsche

Vom 1. Juni bis 15. September, nachmittags zwischen 14:00 und 19:00 Uhr, kann man das historische Stadtzentrum Avignons auch mit einer Kutsche durchstreifen. So eine Rundfahrt dauert 30 Minuten. An folgenden Stationen fährt man vorbei: La Petite Calade, Rue Viala, Les Ciseaux d'Or und Rue Peyrollerie, Place Crillon, Place Saint-Pierre und Papstpalast mit Jardin des Doms.

Diese Rundfahrt ersetzt unseren Rundgang nicht. Zu bedenken gilt außerdem, dass diese Arbeit für das Pferd bei der Hitze in Südfrankreich eine große Belastung ist. Deshalb können wir das nicht mit ruhigem Gewissen empfehlen. Für gehbehinderte Menschen ist es jedoch eine Möglichkeit, die Altstadt zu sehen.

Tickets im Tourismusbüro Avignon erhältlich. Abfahrt Place du Palais des Papes.

Rundflüge

Vom Flughafen Avignon aus starten Rundflüge. Wer mehr darüber wissen will kann sich auf der Internetseite von >La Provence Vue d'Avion< schlau machen: www.provence-vue-avion.com

Die Stadt für behinderte Menschen

Für gehbehinderte Besucher und Rollstuhlfahrer ist Avignon im wahrsten Sinne des Wortes ein schwieriges Pflaster. Rampen gibt es so gut wie nicht, und ohne einen Helfer zum Schieben ist gar nichts zu machen. Es sind immer wieder Treppen zu überwinden und die Gassen oft so schmal, dass man in einen

Hauseingang treten muss, will man ein Auto vorbeilassen. Der Papstpalast ist für Rollstuhlfahrer nicht zugänglich – man könnte sich mit einem Rollstuhl in den uralten Gemäuern mit den vielen Treppen gar nicht fortbewegen. Auch zu den vielen Kirchen führen immer wieder Treppenaufgänge.

Eine Alternative zu unserem Rundgang könnte eine Kutschfahrt durch Avignon sein (Siehe: Avignon mit der Kutsche) oder eine Rundfahrt mit dem ‚Petit Train‘, der am Papstpalast startet. Er hat Audioguides auch in deutscher Sprache an Bord.

Eine weitere Möglichkeit wäre die Nutzung eines Taxis. Viele Taxi-Gesellschaften bieten auch Stadtführungen an. Die verschiedenen Taxiunternehmen von Avignon finden Sie hier: http://www.info-taxi.com/avignon-1926/

Wir raten jedoch unbedingt davon ab, selbst mit dem Auto in der Altstadt herumzufahren – ohnehin ist der größte Teil der Altstadt Fußgängerzone.

Tipp: Falls Sie mit dem Auto unterwegs sind und eine Panne haben oder krank werden und beim ADAC sind, gibt es für Sie eine spezielle Notrufnummer. Mehr dazu im Artikel ‘Was tun wenn …’

Avignon mit Haustieren

Frankreich ist als hundefreundliches Land bekannt - nur an der Côte d'Azur sind vor allem große Hunde in der Öffentlichkeit weniger gern gesehen. In Städten gilt Leinenpflicht. Wo gebadet wird, sind Hunde nur an ausgewiesenen Stränden gestattet. Ist Ihr Hund gut erzogen, darf er in der Regel auch mit ins Restaurant. Bei Buchung von Hotels oder Campingplätzen vorher nachfragen.

In den Parks von Avignon sind Hunde nicht erlaubt!

In öffentlichen Verkehrsmitteln sind große Hunde nicht ganz so gerne gesehen, die Mitnahme ist aber in der Regel gestattet. Werden Hunde nicht in einer Tasche/Transport-Box mitgeführt, zahlen ihre Besitzer 50% des Erwachsenen-Fahrpreises für sie.

Einreisebestimmungen für Haustiere

Für Hunde, Katzen und Frettchen gelten die EU-Einreisebestimmungen. Die Tollwutimpfung muss bei Einreise nach Frankreich mindestens 21 Tage alt sein. Die Dreijahrestollwut-Impfung wird in Frankreich anerkannt. Da es offiziell keine Ausnahme für Welpen/Kitten gibt und das Mindestalter für eine

Tollwut-Impfung in Deutschland bei 3 Monaten liegt, dürfen also in der Praxis auch keine Tiere einreisen, die jünger als 3 Monate und 21 Tage sind. Eine eventuelle Sondergenehmigung kann beim Ministère de L' Agriculture in Paris eingeholt werden.

Falls Sie nicht nur nach Avignon, sondern auch an die Côte d'Azur oder nach Korsika fahren, sprechen Sie vor Abreise mit Ihrem Tierarzt, denn dort kann es zu einer Übertragung von Leishmaniose, Babesiose, Ehrlichiose und Herzwurmerkrankungen kommen. Ist Ihr Hund durch sein Wurmmittel nicht schon davor geschützt, erhalten Sie ein zusätzliches Mittel, das in den Nacken getropft wird.

In Frankreich werden bestimmte, als potentiell gefährlich eingestufte Rassen in Anlagehunde Kategorie 1 und Anlagehunde Kategorie 2 eingeteilt. Für diese gelten besondere Vorschriften bezüglich Einreise und Haltung.

Für sogenannte ‚Kampfhunde' benötigt man einen Abstammungsnachweis, aus dem ersichtlich ist, dass er der Kampfhund-Kategorie 2 zugeordnet wird (z.B. Rottweiler, Staffordshire u.a.). Für diese Hunde besteht eine generelle Maulkorb- und Leinenpflicht.

Kampfhunden der Kategorie 1 ist die Einreise nach Frankreich vollständig verboten.

Weitere Infos dazu finden Sie auf http://www.tier-freund.de/urlaub-mit-hund-in-frankreich/

Hundefreundliche Hotels finden Sie im Netz. Auf Campingplätzen sind Hund im Allgemeinen willkommen.

Sollten Sie Kleintiere wie Vögel, Meerschweinchen, Kaninchen, etc. mitnehmen wollen, brauchen Sie eine Gesundheitsbescheinigung, die maximal 5 Tage alte sein darf. Darauf muss der Tierarzt bestätigen, dass keinen arttypischen Krankheiten vorliegen. Auch benötigen Sie eine offizielle Bestätigung, dass Sie das Tier in Frankreich nicht verkaufen werden.

Jugendherbergen

Alles, was Sie über Unterkünfte für Ihre Klassenfahrt in Avignon wissen möchten, finden Sie hier: https://www.moveo.de/klassenfahrten-und-jugendreisen/16-frankreich/34-avignon.html

Eine Jugendherberge in der auch Familien und Erwachsene unterkommen können, wie bei uns üblich, gibt es in Avignon nicht.

City-Card

Sie heißt hier ‚Avignon PASSion'. Diesen Pass bekommen Sie kostenlos beim ersten Besuch einer Sehenswürdigkeit ausgehändigt, für die Sie noch den üblichen Eintritt bezahlen. Doch bereits ab der zweiten Sehenswürdigkeit erhalten Sie und Ihre begleitenden Familienmitglieder (maximal 5 Personen) bei Vorlage 20 bis 50% Rabatt. Das gilt auch für den öffentlichen Nahverkehr und andere touristische Leistungen. Der Pass gilt 15 Tage.

Einreisebestimmungen und Zoll

Auch wenn Frankreich Mitglied der Europäischen Union ist, benötigen Bürger aus den Mitgliedsstaaten und der Schweiz zur Einreise einen gültigen Reisepass oder Personalausweis. Bedenken Sie: An Flughäfen oder Bahnhöfen sind jederzeit Gepäck- und Ausweiskontrollen möglich!

Ausländern, die legal in Deutschland, Österreich oder der Schweiz leben und einen Pass sowie einen

Aufenthaltstitel besitzen, ist es erlaubt, als Touristen ohne Visum (maximal drei Monate) nach zu Frankreich reisen. Alleinreisende Kinder dürfen sich seit Januar 2013 auch ohne schriftliche Genehmigung ihrer Eltern in Frankreich aufhalten. Es genügt der Personalausweis bzw. Reisepass.

Gegenstände und Güter für den privaten Gebrauch können in Frankreich wie in jedem Land der EU erworben und transportiert werden, doch für einige Waren bestehen Einschränkungen:

Zigaretten bis 800, Zigarillos bis 400, Zigarren bis 200 Stück, Rauchtabak höchstens ein Kilogramm. Alkopops und Spirituosen wie Weinbrand, Whisky, Rum usw. bis zu 10 Liter. Sherry, Portwein, Marsala usw. höchstens 20 Liter. Wein maximal 90 Liter, Schaumwein höchstens 60 Liter, Bier 110 Liter. Kaffeehaltige Waren bis 10 Kilogramm. Kraftstoffe im Reservebehälter bis zu 10 Liter.

Arzneimittel dürfen ausschließlich für den persönlichen Bedarf erworben werden! Es gilt die Regel, dass man nichtrezeptpflichtige Medikamente in einer Menge ausführen darf, die für drei Monate reicht. Sind es verschreibungspflichtige Medikamente, kann die Menge die Dreimonatsregelung auch überschreiten.

Achtung: Medikamente, die dem Betäubungsmittelrecht unterliegen, dürfen nur mit Bescheinigung des behandelnden Arztes mitgeführt werden!

Bargeld: Wer innerhalb der EU eine Grenze überschreitet und mehr als 10.000 € in Bargeld, Schecks oder Devisen bei sich hat, muss dies anmelden.

Es ist verboten, jugendgefährdende und verfassungswidrige Schriften und Medien, Feuerwerkskörper, Drogen und Betäubungsmittel einzuführen. Was Waffen und Munition oder auch Kulturgüter betrifft, erkundigen Sie bei den Konsulaten, der französischen Botschaft oder dem Zoll.

Und sonst ...

Währung, Banken und Geld wechseln

In Frankreich wird mit Euro bezahlt. Geld wechseln kann man bei allen Bankniederlassungen sowie in

Postfilialen. Wechselstuben findet man in manchen Warenhäusern, an Bahnhöfen, Flughäfen, manchmal auch in der Nähe von Sehenswürdigkeiten. Anfallende Wechselgebühren müssen an einem Aushang ersichtlich sein.

Trinkgeld

In Frankreich heißt das Trinkgeld ,pourboire', und es ist in Restaurants mit 15% meist schon in der Rechnung enthalten. Trotzdem kann man beim Verlassen der Bar oder des Restaurants ein zusätzliches Trinkgeld auf dem Tisch liegen lassen. Doch das ist grundsätzlich freiwillig. Anders als in Deutschland rundet man in Frankreich nicht einfach nur auf, sondern gibt einen glatten Betrag. Wer mit der Kreditkarte bezahlt und ein Trinkgeld geben möchte, lässt ein paar Euro auf dem Tisch liegen. Als Faustregel gilt, je weiter nördlich, desto geringer fällt das Trinkgeld aus. In Avignon darf es also etwa mehr sein als in Metz.

Im Hotel gibt man dem Zimmermädchen ein paar Euro, in teuren Hotels auch dem Kofferträger und dem Portier.

In größeren Städten sind die Geschäfte in der Regel von 09:00 Uhr bis 19.00 Uhr, die großen Supermärkte bis 22 Uhr durchgehend geöffnet. In kleineren Ortschaften schließen die Läden mittags von 13:00 Uhr bis 14:00 Uhr. Kleine Lebensmittelhändler in den Citys haben manchmal auch nachts geöffnet. Mit Ausnahme von Bäckereien sind die Geschäfte sonntags und viele auch montags am Vormittag geschlossen.

Die meisten Museen und Sehenswürdigkeiten haben außer an Weihnachten, Neujahr und am 1. Mai täglich geöffnet.

Produkte und Souvenirs aus der Region

Wie in allen Großstädten gibt es auch in Avignon die üblichen Modeketten. Man findet sie zwischen der Rue de la République und der Rue Joseph Vernet. In der Fußgängerzone südöstlich der Place de l'Horloge haben sich überwiegend die kleineren Modegeschäfte angesiedelt. Die teuren und edlen Läden findet man vor allem entlang der Rue St Agricol und im nördlichen Teil der Rue Joseph Vernet. Geschäfte, in denen es Second-Hand-Bücher und CDs zu kaufen gibt, konzentrieren sich hauptsächlich auf die Rue des Fourbrisseurs.

Ein Blumenmarkt findet samstags auf der Place des Carmes und der Krämermarkt immer am Samstag und Sonntag an der Stadtmauer auf dem Boulevard Saint-Michel (östlich vom Altstadtbahnhof) statt. Wenn Sie unserem Rundgang folgen und von der Rue des Teinturiers wie beschrieben zum Bahnhof gehen, kommen Sie automatisch dran vorbei.

Flohmarkt wird sonntags auf der Place des Carmes abgehalten, montags manchmal auf der Place Pie.

Andenkenläden findet man vor allem an der Place du Palais und in der Rue de la Balance. Es werden duftende Seifen, Keramik und Haushaltstextilien im traditionellen Provence-Design angeboten. Doch auch die üblichen Teller, Tassen und Skulpturen fehlen nicht.

Kulinarisches wie Olivenöle, Kräuter der Provence oder Süßwaren, die qualitativ hochwertig, aber auch teuer sind, kauft man in kleinen Läden oder auf den Wochenmarkt in den ‚Hallen‘ an der Place Pie. Er findet von Dienstag bis Sonntag ab 7 Uhr morgens bis in den frühen Nachmittag hinein statt, montags ist er geschlossen. Dort gibt es von Fisch über Gemüse und Obst bis hin zu Kräutern und kulinarischen Besonderheiten fast alles, was man zum Kochen benötigt. Samstags wird außerdem von einem der Chefköche der Stadt eine Kochshow abgehalten.

Weine und Spirituosen aus der Region

Wein

Da sich der Dachverband der Weinverbände der Côtes du Rhône und des AOC de la vallée du Rhône in Avignon befindet, beansprucht die Stadt in heutiger Zeit den Titel „Hauptstadt der Côtes du Rhône". Doch nicht allein das - Avignon kann auf eine lange Weintradition zurückblicken …

Als die Päpste in Avignon residierten, befand sich auf dem heutigen Plain-de-Lunel der ‚Bischofsweinberg'. Er lag innerhalb der Stadtmauern mitten im heutigen Altstadtgebiet und ist natürlich längst bebaut. Weitere päpstliche Weinberge gab es im östlichen Stadtviertel ‚Grands Jardins', einem Gebiet zwischen den Stadtmauern und dem einstigen Pestfriedhof, und schließlich ließen die Päpste noch einen weiteren Weinberg anlegen, den ‚Grand Avignon'. Zusätzlich zu den lokalen Weinsorten wurden

Weine aus dem Comtat Venaissin importiert, einer historischen Region, die Avignon westlich der Rhône umschloss. Unter anderem bezog man Weine aus Malaucène, Bédarrides, Valréas, Carpentras, Apt und Châteauneuf-du-Pape. Auch Winzer aus dem Languedoc, östlich der Camargue gelegen, belieferten die päpstlichen Weinkeller.

Um Wein aus der Region zu kaufen, müssen Sie Avignon natürlich nicht verlassen. Doch ein Ausflug in die Umgebung, zum Beispiel nach Châteauneuf-du-Pape (siehe oben), wo man bei den bekannten Winzern Weinproben erleben und Wein kaufen kann, bietet sich an.

Spirituosen

Auch Spirituosen haben eine lange Tradition in Avignon. Ende des 19. Jahrhunderts, im Jahr 1884, destillierte Jules-François Pernod in seiner Fabrik in Montfavet – der Ort liegt fünf Kilometer östlich von Avignon und ist heute ein Gemeindeviertel der Stadt - zum ersten Mal Absinth. Das grüne, bitter schmeckende und hochprozentige Getränk aus Wermut und einigen anderen Kräutern machte ihn bald reich. Doch so manch anderem kostete der Absinth das Augenlicht oder trieb ihn, wie den Maler van Gogh, der sich im Delirium ein Ohr abschnitt, in den Wahnsinn. Paul Gauguin, Ernest Hemingway, Edgar Allan Poe oder Henri de Toulouse-Lautrec und Oscar Wilde tranken Absinth.1915 schließlich wurde er in einigen europäischen Ländern und Amerika verboten. Was ihn so gefährlich machte, dass Menschen davon sogar erblindeten, waren Stoffe wie Methanol und Kupfer-Sulfat, die im Absinth vorkamen. Heute ist das Brennen und Verkaufen von Absinth wieder erlaubt, denn Dank Lebensmittel-Verordnungen hat man das Problem im Griff und ist der Absinth nicht gefährlicher als jeder andere Alkohol. Fragt man allerdings in Avignon nach Absinth, erntet man nichts als erschrockene Blicke. Offensichtlich glaubt man dort heute noch, er sei giftig und gefährlich.

Der Pernod

ist ein Anisée aus Frankreich mit einem Alkoholgehalt von 40 Volumenprozent. Jules-François Pernods Sohn und Nachfolger Jules-Félix Pernod führte ihn im Jahr 1918 ein. Wie auch den Absinth trinkt man ihn mit Wasser verdünnt, das hier jedoch einfach nur zugegeben wird.

Obstbrände aus weißen Früchten der Region

Die Destillerie Manguin befindet sich seit den 1950-er Jahren auf der Île de la Barthelasse. Feine Brände werden dort hergestellt, vor allem aus der Williamsbirne, die auf der Insel wächst.

Origan du Comtat - ein Oregano-Likör

Auch dieser Kräuterlikör ist ein Produkt aus Avignon, seine genaue Rezeptur wird wie ein Geheimnis gehütet. Um ihn herzustellen, so viel ist bekannt, sind neben Oregano 60 weitere Kräuter nötigt, die alle auf Ausläufern des Mont Ventoux gepflückt werden.

Hergestellt wird dieser Likör in der Destillerie A. Blachère, eine der ältesten Destillerien der Provence. Gegründet wurde sie in Avignon, heutiger Sitz ist Châteauneuf-du-Pape.

Oregano-Likör selbst hergestellt

Es versteht sich von selbst, dass es nur eine Abwandlung des Originals ist, denn wie bereits erwähnt, ist das Rezept ein großes Geheimnis.

Man benötigt:
250 ml 95%igen Alkohol, 600 ml Wasser, 550 g Zucker, 40 g Oregano, 3 g Majoran, 3 g Lavendel, 3 g Zimt

Zubereitung: Kräuter und Gewürze zusammen mit dem Alkohol in ein fest schließendes Glasgefäß geben. Nach zehn Tagen den Zucker im Wasser auflösen, die Lösung dem Ansatz zufügen und das Gefäß wieder fest verschließen. Die Flüssigkeit einige Male kräftig kreisen lassen, damit sich alles gut vermengt. Danach muss der Ansatz noch einen Tag im Dunklen ziehen, bevor man ihn abfiltert, um ihn drei Monate ruhen zu lassen, bis man ihn in eine Flasche abfüllt, um ihn zu genießen.

Ein Gruß aus der Küche - regionale Spezialitäten

Die ‚Cuisine avignonnaise', also die Avignoner Küche, ist typisch provenzalisch mediterran, aber auch ein jüdischer Einfluss ist erkennbar. Im Gegensatz zur nordfranzösischen Küche, in der vornehmlich mit Butter gekocht wird, verwendet man in Avignon Olivenöl. Zwiebeln, Knoblauch und Kräuter runden den Geschmack ab. Neben Getreide wie z.B. Dinkel wird viel frisches oder getrocknetes Gemüse verwendet - Tomaten, Artischocken, Auberginen und Zucchini oder Hülsenfrüchte wie Linsen, Bohnen und Kichererbsen. Dazu kommen Fleisch z.B. Hammel, Fisch und Meeresfrüchte. Doch auch der ‚schwarze Trüffel' (Tuber melanosporum) kommt zum Einsatz, indem man ihn z. B. auf Omelette oder Rührei isst.

Zu den traditionellen Gerichten, die von den Avignonesen zubereitet werden, gehören unter anderem Dinkelsuppe, Daube, Aïoli, Tian oder Ratatouille.

Ratatouille kennt man auch bei uns. Weniger bekannt ist Tian - ein Gratin aus Gemüse und Olivenöl, das in einer gleichnamigen Auflaufform aus Terrakotta zubereitet und serviert wird.

Aioli

ist eine kalte Creme, die vor allem aus Knoblauch, Olivenöl und Salz besteht. Man serviert sie als Vorspeise mit Brot oder Oliven oder als Beigabe zu Fleisch, Fisch und Gemüse. Aioli bezeichnet aber auch ein typisch provenzalisches Gericht aus gedünsteten Kartoffeln, Karotten und grüne Bohnen, wozu Seeschnecken und Fischfilet (traditionell nimmt man gewässerten Stockfisch mit Kabeljau) und eben die oben beschriebene Creme aus Olivenöl und Knoblauch gereicht wird.

Avignonesische Daube

Der französische Ausdruck daube bedeutet schmoren. Während bei der klassischen Variante Wild- oder Ochsenfleisch genommen wird, nehmen die Avignonesen Lamm- oder Hammelschulter. Das Fleisch wird in Weißwein mariniert, dann in etwa 4 cm große Würfel geschnitten. Dazu werden Karotten, Sellerie, Zwiebeln und Weißkohl oder auch weißen Bohnen und Artischockenböden gegeben. Auf kleiner Flamme wird der Eintopf 8 bis 10 Stunden gegart, dabei muss immer wieder so viel Rotwein nachgegossen werden, dass Fleisch und Gemüse mit Flüssigkeit bedeckt sind.

Papeton d'aubergine

Auch das Papeton d'aubergine ist ein typisch avignonesisches Gericht. Es handelt sich um einen Flan (Kuchen), der hauptsächlich aus Auberginen und Eiern besteht. Der Name ‚Papeton' bezieht sich auf die Kuchenform, die verwendet wird und an eine Papstkrone erinnert. Das Papeton wird im Ofen gegart, dann gestürzt, in Scheiben geschnitten und mit einer würzigen Tomatensauce serviert.

Crespèu

Das Crespèu, auch Crespeou genannt, ist eine Art Torte oder Lasagne aus Kräuteromeletts und Gemüseschichten, die aufeinandergelegt werden. Man isst sie meist kalt.

Papaline d'Avignon, eine Süßigkeit mit Oregano-Likör gefüllt

Die Papaline d'Avignon ist eine Süßigkeit und wurde Mitte des letzten Jahrhunderts in Avignon kreiert. Es handelt sich um eine Leckerei aus Schokolade, die mit Oregano-Likör gefüllt ist. Die Fertigung der Schokoladenumhüllung dauert 72 Stunden. Sie wird ausschließlich im Vaucluse verkauft.

Strom / Post /Telefon / Internet und WLAN

Strom

Die Netzspannung beträgt 230 Volt. Unsere Flachstecker/Eurostecker vom Typ CEE 7/16 passen auch in Frankreich. Elektronische Geräte wie Laptops, Tablets oder Mobiltelefone sind also in der Regel problemlos zu verwenden. Doch die vor allem in Deutschland gebräuchlichen Schukostecker, wie man sie oft an einem Föhn oder ähnlichen Kleingeräten findet, passen meistens nicht. Hierfür benötigt man einen Adapter, den man ihn fast jedem französischen Supermarkt kaufen kann.

Post

Ein Postamt befindet sich am Cours du Président Kennedy beim Busbahnhof / Altstadt-Bahnhof. Geöffnet haben Postämter (bureaux de poste) in den Städten von montags bis freitags 8:00 Uhr bis 19:00 Uhr und Samstag von 8:00 Uhr bis 12:00 Uhr. An Sonn- und Feiertagen sind sie geschlossen. In den Dörfern gelten andere Öffnungszeiten.

Briefmarken bekommt man bei der Post, aber auch in Tabakläden. Die gelben Briefkästen sind am Straßenrand oder vor jeder Postfiliale zu finden. Postkarten kosten gleich viel wie Briefe.

Telefon

Vorwahl nach Frankreich ist die 0033, nach Avignon folgt die 4. Telefoniert man innerhalb von Frankreich aus dem Festnetz wählt man nach Avignon die Vorwahl 04, dann den Anschluss.

Die Vorwahl von Frankreich nach Deutschland ist 0049, nach Österreich 0043 und in die Schweiz 0041.

Festnetzt - In Frankreich gibt es noch relativ viele öffentliche Telefonzellen. Um sie zu nutzen, benötigt man eine sogenannte ‚télécarte‘. Man enthält sie wahlweise mit 50 oder 120 Einheiten in Tabak-Geschäften, an Kiosken oder in Postämtern.

Mobil - Für die Handy- und Smartphone-Nutzung in Frankreich gelten die von der EU festgelegten Kostenobergrenzen der Roaminggebühren, an die sich alle Mobilfunkanbieter halten müssen. Bei einem längeren Aufenthalt in Frankreich empfehlen wir fürs Smartphone allerdings eine UMTS-Prepaid-

Karte. In Frankreich gibt es verschiedene Anbieter. Z.B. Free Mobile, Orange, Bouygues Telekom, Virgin Mobile und SFR. Man kann Karten für die Eintagesnutzung, für die Siebentages-Nutzung oder eine einmonatige Nutzung bekommen. Aber auch deutschen Mobilfunkanbieter bieten UMTS-Reisepakete an, mit denen während eines Frankreich-Urlaubs zu einem günstigen Pauschalpreis mobil ins Internet gelangt.

Achtung: Die meisten Mobilgeräte rufen über aktive Apps in Frankreich Informationen aus dem Internet ab. Das kann sehr teuer werden! Deshalb empfiehlt es sich, die Datenroaming-Option des Gerätes auszuschalten, wenn man das mobile Internet in Frankreich nicht nutzt.

Freies WLAN finden Sie auf unserem Rundgang im Café / Restaurant Le Cintra, 44 Cours Jean Jaurès. Das ist nicht weit vom Bahnhof, also ziemlich am Anfang der Straße, auf der es in die Altstadt geht. Dort auf der linken Seite. Oder am Place Carnot 13, Restaurant Le Gallia - das ist kurz vor der Synagoge.

Klima und Zeit

In Avignon gilt die Mitteleuropäische Zeit. Das Klima ist mediterran. In den Sommermonaten steigt die Temperatur bis auf 30 Grad, in den Wintermonaten fällt sie fast nie unter den Gefrierpunkt. Schneefall ist eine Seltenheit. Im Herbst kann es heftige Wolkenbrüche geben, im Sommer muss man durch den Mistral mit Gewitterstürmen rechnen, die eine durchschnittliche Windgeschwindigkeiten von 90 km/h (bis hin zu 110 km/h) aufweisen. Der Mistral weht 120 bis 160 Tage im Jahr.

Im Herbst und Mitte März kann es an den Ufern der Rhône und auf der Insel von Barthelasse zu reißenden Überschwemmungen kommen. Das Jahrhunderthochwasser vom 2. Dezember 2003 ist selbst bei uns vielen noch in Erinnerung geblieben.

Die beste Reisezeit für Avignon ist der Juli.

Klimatabelle – durchschnittliche Temperaturen
Januar 2° - 10 °C / Sonnenstd. 4 / Regentage 10
Februar 3° - 12°C / Sonnenstd. 5 / Regentage 8
März 6° - 16°C / Sonnenstd. 6 / Regentage 9
April 8° - 18°C / Sonnenstd. 8 / Regentage 9
Mai 12° - 23°C / Sonnenstd. 8 / Regentage 10

Juni 15° - 27°C / Sonnenstd. 10 / Regentage 8

Juli 18° - 30°C / Sonnenstd. 11 / Regentage 5

August 18° - 30°C / Sonnenstd. 10 / Regentage 8

September 14° - 25°C / Sonnenstd. 8 / Regentage 8

Oktober 11° - 20°C / Sonnenstd. 6 / Regentage 10

November 6° - 13°C / Sonnenstd. 3 / Regentage 11

Dezember 3° - 10°C / Sonnenstd. 3 / Regentage 12

Was tun wenn ... Telefonnummern und Adressen für Notfälle

Notruf

Euronotruf 112 / Polizei 110 - Vom Handy die Vorwahl für Frankreich wählen: 0033 + Notrufnummer! Die Euronotruf 112 und Polizeinotruf 110 funktionieren ohne Vorwahl und sind kostenlos, egal ob Sie von zu Hause oder mit einem in- oder ausländischen Mobiltelefon anrufen.

Im Krankheitsfall

SOS Médecins (Ärzte rund um die Uhr)
Tel.: 0147 077 777 / Handy: 0033 147 077 777

> Tipp: Vergessen Sie nicht, Ihre täglichen Medikamente von zu Hause mitzunehmen!

Im Zuge des EU-Abkommens ist auch in Frankreich die neue EU-Krankenversicherungskarte EHIC eingeführt worden. Wer gesetzlich versichert ist, hat sie automatisch, denn auf die Versichertenkarte ist ein entsprechender Vermerk aufgedruckt. Sie ist im Reiseland ausschließlich für Notfallversorgung und Weiterbehandlung chronischer Erkrankungen gültig. Wenn man sich aus anderen Gründen für eine Behandlung im Ausland entscheidet, muss man mit der Krankenkasse vorab klären, ob die Kosten übernommen werden!

Trotz der Versichertenkarte, die Sie beim Arzt vorlegen, müssen Behandlungen und Medikamente in der Regel vor Ort bezahlt werden. Die Quittungen werden dann bei der Krankenkasse in Deutschland eingereicht, und man erhält eine Erstattung gemäß dem deutschen Regelsatz. Eine Auslandskrankenversicherung ist zusätzlich empfehlenswert. Diese Reiseversicherungen übernehmen beispielsweise einen eventuell notwendigen Rücktransport nach Hause.

Unabhängig vom Versicherungsschutz müssen im Notfall Patienten von sämtlichen Krankenhäusern (Staatlich / Privat) per Gesetzt behandelt werden.

Ob es sich jedoch um einen Notfall handelt, entscheiden die Krankenhausärzte.

Tipp: Österreicher Bürger sollten einen EU-Krankenschein bzw. Ihre Auslandskrankenkassenkarte mitnehmen. Beim Arzt werden Sie nach Vorlage kostenlos behandelt. Bei Zahnbehandlungen fällt eine Eigenbeteiligung an, ebenso bei Medikamenten.

Schweizer müssen bar bezahlen. Ihnen ist ganz besonders eine Reiseversicherung zu empfehlen.

Apotheken (auf Französisch Pharmacie) erkennt man an einem grünen Kreuz. Sie sind im Allgemeinen montags bis samstags von 8:30 Uhr bis 20:00 Uhr geöffnet. Für Notfälle hängt in jeder Apotheke am Eingang oder im Fenster die Adresse der nächstliegenden diensthabenden Apotheke aus.

Bei Zahnschmerzen

Am besten fragen Sie in einer Apotheke, ob man Ihnen hilft, einen Notfallzahnarzt in Avignon zu finden.

Konsulate

Für deutsche Reisende

Adresse: Konsulat von Deutschland in Avignon, France 5, rue Noel Biret, 84000 Avignon France

Tel: (+33) 4 90 81 00 42

E-Mail: avignon@hk-diplo.de

http://www.botschaft-konsulat.com/Konsulate/1019/Deutschland-in-Avignon

Österreich und die Schweiz haben kein Konsulat in Avignon.

Pannen- und Notfallhilfe der Automobilclubs

ADAC

In vielen Urlaubsländern betreibt der ADAC eigene Notrufstationen mit deutschsprechenden Mitarbeitern. An diese werden Sie automatisch von der Zentrale in München weiterverbunden. Deutschsprachiger ADAC-Notruf in Frankreich:

Tel.: 04 72 17 12 22 / Handy: 0033 472171222

bei Fahrzeugschaden telefon-icon.gif +4989222222

bei Erkrankung oder Verletzung telefon-icon.gif +4989767676

ÖAMTC

Tel: +43 12512000 – Notruf und Rechtsberatung

TCS

Dringende Assistance-Anfragen rund um die Uhr: Einsatzzentrale ETI / Chemin de Blandonnet 4 / CP 820 1214 Vernier

Tel +41 58 827 22 20 / Fax +41 58 827 50 12

email: eti@tcs.ch

Bei einem medizinischen Notfall im Ausland unverzüglich die ETI Einsatzzentrale benachrichtigen!

Falls Ihre Geldkarte verloren ging

Es gibt einen allgemeinen Sperr-Notruf, die aus dem In- und Ausland unter (0049) 116 116 erreichbar ist. In Fällen, in denen der ausländische Telefonanbieter diese Nummer nicht verarbeiten kann, steht alternativ die (0049) 3040504050 zur Verfügung. Sprach- oder Hörgeschädigte können unter der gleichen Nummer auch eine Sperrung per Fax veranlassen.

Deutsche Reisende - Speziell für Euro/Mastercard: sperren unter Tel. 0049-69-79331910 oder im Notfall als R-Gespräch 001-314-275-6690

Speziell für Visa: sperren unter Tel. 800-819-014

oder im Notfall als R-Gespräch 001-303-967-1096

Schweizer wenden sich bei Verlust ihrer Master Card an die: 0800 897 092, bei Diebstahl von Karten, Dokumenten oder Handys (SIM-Karte) oder bei Zwischenfällen rund um Autoschlüssel und -radios an die Telefonnummer +41 58 827 22 20 (rund um die Uhr)

Österreicher wenden sich bei Verlust der Kreditkarte an folgende Telefonnummern:
0043 1204 8800 Sperr-Notruf für EC-/Kreditkarten
Visa: +43 1171111-770
Pay Life: +43 1717014500

Sämtliche Angaben erfolgen unverbindlich und ohne Gewähr. Wir beziehen uns mit unseren Aussagen auf persönliche Erfahrungen, Recherchen im Internet, Webseiten der Stadt sowie auf Hinweise der Touristik-Information

Wortschatz – die wichtigsten Wörter für die Reise

Ich spreche kein Französisch - Je ne parle pas français

Hallo oder Tschüss - Salut!

Guten Tag - Bonjour!

Auf Wiedersehen - Au revoir!

Ja - oui

Nein - non

Danke - Merci!

Bitte! - als Antwort auf „Danke" De rien! Sonst heißt es „S'il vous plaît"

Prost! - A ta santé! / A votre santé!

Entschuldigung - Pardon

Hilfe - Au secours!

Toilette - Les toilettes (an den Türen steht oft Lavabo)

Ich heiße ... - Je m'appelle...

Ich hätte gerne ... - J'aimerais bien...

Zahlen bitte! - l'addition s'il vous plaît!

Wie spät ist es? - Quelle heure est-il?

Was kostet ...? - Combien coûte...?

ein Stück (Fleisch) - une pièce (de viande)

ein Kilo - un kilo

hundert Gramm - cent grammes

genug - assez

noch mehr - encore plus

alles - tout

etwas weniger - un peu moins

Eingang - Entrée

Ausgang – Sortie

Zählen, Zeit und Wochentage

Eins - un

Zwei - deux

Drei - trois

Vier - quatre

Fünf - cinq

Sechs - six

Sieben - sept

Acht - huit

Neun - neuf

Zehn – dix

Zwanzig - vingt

Fünfzig - cinquante

Hundert - cent

Tausend - mille

Erster - premier

Zweiter - deuxième

der Vormittag - le matin

der Nachmittag - l'après-midi

die Nacht - la nuit

heute - aujourd'hui
morgen Mittag - demain midi
Montag - lundi
Dienstag - mardi
Mittwoch - mercredi
Donnerstag - jeudi
Freitag - vendredi
Samstag - samedi
Sonntag – dimanche
der Feiertag - le jour férié

Mehr aus unserem Verlag

Reiseführer

Cres und Losinj
ISBN Buch: 978-3-946280-54-5
ISBN E-Book: 978-3-946280-53-8
ASIN: B07B8NRDL2

Kreuzfahrt Madeira & Kanaren
ISBN Buch: 978-3-946280-26-2
ISBN E-Book: 978-3-946280-34-7
ASIN: B01F3STFFE

Krk -
ISBN Buch: 978-3-946280-17-0
ISBN E-Book: 978-3-946280-12-5
ASIN: B017WDI53G

Sevilla -
ISBN Buch: 978-3-946280-22-4
ISBN E-Book: 978-3-946280-09-5
ASIN: B015WKTK8K

Amsterdam –
ISBN Buch: 978-3-946280-21-7
ISBN E-Book: 978-3-946280-04-0
ASIN: B015WKTX8W

Salzburg -
ISBN Buch: 978-3-946280-24-8
ISBN E-Book: 9783946280019
ASIN: B0158B5ZC

Kopenhagen -
ISBN Buch: 978-3-946280-25-5
ISBN E-Book: 978-3-946280-03-3
ASIN: B015D045U2

Avignon -
ISBN Buch: 978-3-946280-49-1
ISBN E-Book: 978-3-946280-48-4
ASIN: B074C61QS5

München –
ISBN Buch: 978-3-946280-28-6
ISBN E-Book: 978-3-946280-29-3
ASIN: B01NH9HJPM

Prag -
ISBN Buch: 978-3-946280-20-0
ISBN E-Book: 978-3-946280-08-8
ASIN: B015WKTUNU

Venedig -
ISBN Buch: 978-3-946280-19-4
ISBN E-Book: 978-3-946280-10-1
ASIN: B015WKU1I8

Nürnberg -
ISBN Buch: 978-3-946280-18-7
ISBN E-Book: 978-3-946280-00-2
ASIN: B015WKTUNU

Danzig -
Buch - ISBN: 978-3-946280-23-1
ISBN E-Book: 978-3-946280-06-4
ASIN: B015WKTRA6

Trier –
ISBN Buch: 978-3-946280-36-1
ISBN E-Book: 978-3-946280-35-4
ASIN: B01IDCGDES

Radreisen-Ratgeber

Radreisen – Alles was Sie wissen müssen
ISBN Buch: 978-3-946280-62-0
ISBN E-Book: 978-3-946280-61-3 / ASIN: B0848HM8WC

Weser – Elbe – Weser-Harz-Heide -
Drei Radfernwege zu einer Radreise zusammengefasst
Buch: 978-3-946280-67-5
E-Book ISBN: 978-3-946280-66-8 / ASIN : B08RYYVDRN

Der Innradweg auf zwei Rädern und vier Pfoten –
ein heiterer Erlebnisbericht mit vielen praktischen
Reisetipps für Mensch und Hund
ISBN E-Book: 978-3-946280-44-6 / ASIN: B01MS9LNHO

Ratgeber Lebenshilfe

Von Trennung, Tod und Trauer
ISBN Buch: 978-3-946280-32-3
ISBN E-Book: 978-3-946280-02-6 / ASIN: B015D045U2

Angst überwinden und stark sein
ISBN Buch: 978-3-946280-31-6
ISBN E-Book: 978-3-946280-05-7 / ASIN: B015WKTRYW

So finde ich mein Glück
ISBN Buch: 978-3-946280-30-9
ISBN E-Book: 978-3-946280-07-1 / ASIN: B015WKTWRY

Seine letzte Bahnfahrt - Ronda Hendrikus
Neun Ladykrimis Ladykrimis für zwischendurch
ISBN E-Book 978-3-946280-63-7 / ASIN: B088HGHVB6

Oma, hast du Strapse? - Friederike Costa
18 Kurzgeschichten für Frauen im besten Alter
ISBN E-Book: 978-3-946280-37-8 / ASIN: B01LF7QIWK

Liebe süß und scharf – Friederike Costa
13 Kurzgeschichten mit Rezepten
ISBN E-Book: 9783946280422 / ASIN: B01N7K6FQN

Im Feuer der Liebe – Lina-Sophia Clement
Historischer Liebesroman
ISBN E-Book: 978-3-946280-52-1 / ASIN: B075CMT4X8

Die Liebe einer Königin – Lina-Sophia Clement
Acht historische Kurzromane
ISBN E-Book: 978-3-946280-55-2 / ASIN: B07CK7MSVT

Schokolade für die Liebe – Lina-Sophia Clement
Sieben historische Kurzromane
ISBN E-Book: 978-3-946280-56-9 / ASIN: B07F6XZ7KF

Tausend Sterne über der Wüste – Lina-Sophia Clement
Acht historische Kurzromane
ISBN E-Book: 978-3-946280-57-6 / ASIN: B07K6JDNNL

Die Tanztruppe vom dritten Stern rechts
Angeline Bauer
Jugendbuch – Ballett
ISBN Buch: 978-3-946280-73-6
ISBN E-Book: 978-3-946280-72-9 / ASIN: B0B8VSRR31

Die Holunderküche -
ISBN Buch: 978-3-946280-40-8
ISBN E-Book: 978-3-946280-11-8 / ASIN: B017WCDE1

Können Igel fliegen?
Alles, was Kinder über Igel wissen wollen
ISBN E-Book 978-3-946280-68-2
ISBN Buch 978-3-946280-69-9 / ASIN:B094NGBW6J

Literaturpreis Grassauer Deichelbohrer
33 Kurzgeschichten zum Thema NÄHE
Buch   - ISBN 978-3-946280-60-6
E-Book - ISBN 978-3-946280-59-0 / ASIN: B07YVD2K2P

Literaturpreis Grassauer Deichelbohrer
30 Kurzgeschichten zum Thema GEHEIMNIS
ISBN Buch: 978-3-946280-65-1
ISBN E-Book: 978-3-946280-64-4 / ASIN : B08JZC34M1

Und mehr - unter www.by-arp.de